Draft A
do Ensaio sobre
o entendimento humano

FUNDAÇÃO EDITORA DA UNESP

Presidente do Conselho Curador
Mário Sérgio Vasconcelos

Diretor-Presidente
José Castilho Marques Neto

Editor-Executivo
Jézio Hernani Bomfim Gutierre

Assessor editorial
João Luís Ceccantini

Conselho Editorial Acadêmico
Alberto Tsuyoshi Ikeda
Áureo Busetto
Célia Aparecida Ferreira Tolentino
Eda Maria Góes
Elisabete Maniglia
Elisabeth Criscuolo Urbinati
Ildeberto Muniz de Almeida
Maria de Lourdes Ortiz Gandini Baldan
Nilson Ghirardello
Vicente Pleitez

Editores-Assistentes
Anderson Nobara
Jorge Pereira Filho
Leandro Rodrigues

JOHN LOCKE

Draft A
do *Ensaio sobre*
o *entendimento humano*

Tradução de Pedro Paulo Pimenta
Posfácio de Bento Prado Neto

Texto integral

2012 © da tradução brasileira
Título original: *Essay Concerning Human Understanding (Draft A)*

Fundação Editora da Unesp (FEU)
Praça da Sé, 108
01001-900 – São Paulo – SP
Tel.: (0xx11) 3242-7171
Fax: (0xx11) 3242-7172
www.editoraunesp.com.br
www.livrariaunesp.com.br
feu@editora.unesp.br

CIP – Brasil. Catalogação na Fonte
Sindicato Nacional dos Editores de Livros, RJ

L792e

Locke, John, 1632-1704.
    Draft A do Ensaio sobre o entendimento humano / John Locke; tradução Pedro Paulo Pimenta. – São Paulo, SP: Editora Unesp, 2013.

    Tradução de: Essay Concerning Human Understanding (Draft A)
    ISBN 978-85-393-0398-4

    1. Teoria do conhecimento.   2. Filosofia inglesa – Século XVII.
I. Título.

13-1361.
                                                                               CDD: 121
                                                                               CDU: 165

Editora afiliada:

Asociación de Editoriales Universitarias
de América Latina y el Caribe

Associação Brasileira de
Editoras Universitárias

Sumário

Apresentação . VII

DRAFT A DO ENSAIO SOBRE O ENTENDIMENTO HUMANO . 1

Para ler o Draft A (Primeiro esboço do *Ensaio sobre o entendimento humano*) de John Locke . 101

Apresentação

O *Ensaio sobre o entendimento humano*, do filósofo inglês John Locke, constitui uma das principais obras da filosofia moderna e é considerado, a justo título, responsável por inaugurar a tradição filosófica denominada Empirismo, ao mesmo tempo que instituiu um novo período na história do pensamento, conhecido como Iluminismo, Esclarecimento ou Ilustração. O *Ensaio* teve quatro edições em vida do autor, a primeira em 1690 e a última em 1704. As alterações e acréscimos introduzidos por Locke foram responsáveis por dar a essa obra de dimensões originalmente modestas um volume considerável. As adições, ora vindas da pena do autor, ora de anotações ditadas a seu secretário, ao mesmo tempo que desenvolvem pontos obscuros, aprofundam concepções e apresentam respostas a objeções, dificultam consideravelmente a apreensão, pelo leitor, da tese central da obra, não somente pela enorme extensão que esta adquire, como também pelas variações estilísticas que marcam a sua prosa desigual.

Além das diferentes edições do *Ensaio*, recentemente foram descobertos dois manuscritos importantes, com versões preliminares da obra. O primeiro deles, denominado Draft A, redigido em 1671, traz o primeiro esboço do *Ensaio*; o segundo, datado do mesmo ano, apresenta uma redação já próxima do que seria a edição de 1690. O interesse considerável desses documentos – que integram hoje uma coleção privada na França, mas podem ser consultados, em cópias microfilmadas, na Bobdleian Library, em Oxford, ou na biblioteca da Universidade de Harvard – é sobretudo teórico, pois eles atestam, em especial no caso do Draft A, que Locke concebera a sua teoria sem as deficiências de argumento que motivarão críticas contundentes da parte de seus grandes leitores: Berkeley, Condillac e Hume. Mas esses manuscritos têm ainda um considerável interesse estilístico, particularmente o Draft A, cuja exposição breve é redigida num estilo conciso, claro e direto, que permite ao autor expor seu argumento de maneira eficaz. Essa qualidade, que começa a se perder já no Draft B, está completamente ausente da versão definitiva do *Ensaio*, que, na opinião de muitos, teria encontrado uma redação mais feliz na tradução francesa de Pierre Coste (1708) do que no próprio original inglês.

O leitor das páginas que se seguem encontrará uma obra vigorosa, perfeitamente legível em um só dia, que convida à releitura, ao estudo e ao comentário. Por certo, esse exercício não substitui a leitura, mais árdua, do livro canônico do pensamento de Locke. Mas constitui um preâmbulo, quase que indispensável, ao estudo do *Ensaio*, que parecerá um livro diferente, visto pela ótica da primeira versão que dele se conhece.

Traduzir um manuscrito é uma tarefa delicada, neste caso facilitada em muito pela transcrição de P. H. Nidditch (Oxford: Clarendon Press, 1990), bem como pela tradução francesa (Paris: Vrin, 1974). Com poucas exceções, devidamente assinaladas no texto, os parágrafos do original, de tamanho bastante desigual, foram preservados integralmente, sem quebras. A paginação do manuscrito se encontra reproduzida na margem do texto e indicada por barras no interior das linhas. Entre colchetes, aparecem alguns termos em inglês, sobre cuja tradução julgou-se importante alertar o leitor. Na maioria dos casos, as traduções de citações de Locke em latim, exceto pelas epígrafes, foram inseridas no próprio texto, após o original, entre aspas, para evitar a multiplicação de notas. Estas se restringem a observações de Locke que parecem soltas no texto principal e a umas poucas intervenções do tradutor. A pontuação, que no original é praticamente inexistente, foi adaptada à língua portuguesa. Mas não se procurou amenizar a aspereza do manuscrito, o que explica a eventual impressão de que muitas passagens poderiam ser mais elegantes em sua formulação. Com frequência, encontram-se na tradução palavras que são apenas sugeridas no original.

Bento Prado Neto, autor do estudo que se encontra no final deste volume, foi quem primeiro chamou a minha atenção para a importância e a conveniência de uma tradução do Draft A para a língua portuguesa, estimulando-me a realizá-la e contribuindo com sugestões preciosas. Por tudo isso, registro aqui o meu sincero agradecimento.

Pedro Paulo Pimenta
São Paulo, janeiro de 2013

Draft A
do *Ensaio sobre o entendimento humano*

// Sic cogitavit de intellectu humano John Locke
Anno 1671[1]
Intellectus humanus cum cognitionis certitudine, et assensus firmitate.[2]

§ 01

1) Imagino que todo conhecimento esteja fundado no sentido e derive, em última instância, dele ou de algo análogo, que pode ser chamado sensação, produzido pelos sentidos em contato com objetos[3] particulares que nos fornecem ideias simples ou imagens de coisas. Assim, adquirimos ideias como as de calor e luz, de duro e mole, as quais consistem apenas em reviver, uma vez mais em nossa mente, as imaginações que esses objetos causaram em nós quando afetaram os nossos sentidos por movimento ou de outra maneira que não importa aqui considerar. É o que acontece quando concebemos calor ou luz,

---
1 "Assim pensou, no ano de 1671, John Locke a respeito do entendimento humano". (N. T.)
2 "Entendimento humano, com conhecimento certo e assentimento firme". (N. T.)
3 A palavra "objeto" traduz dois termos diferentes, utilizados por Locke como sinônimos, *object* e *subject*. A ocorrência desta segunda, mais rara, é assinalada no texto entre colchetes. (N. T.)

amarelo ou azul, doce ou amargo etc. Penso, portanto, que as coisas que chamamos de qualidades sensíveis são as ideias mais simples que temos e os primeiros objetos de nosso entendimento. 2) Os sentidos, pelo frequente contato com determinados objetos, encontram certo número de ideias simples constantemente juntas, e o entendimento presume que elas pertenceriam a uma mesma coisa; as palavras, que seguem nossas apreensões, são evocadas de tal modo reunidas num mesmo objeto [*subject*], com um mesmo nome, que por inadvertência somos levados a mencioná-las como se fossem uma ideia simples e a considerar como tal o que na verdade é um complexo de muitas ideias simples reunidas. É o que acontece com todas as ideias de substâncias, como homem, cavalo, sol, água, ferro. Os que compreendam a língua, tão logo ouçam essas palavras, no mesmo instante moldam na mente a imaginação de muitas ideias simples que são objeto imediato do seu sentido. Como, porém, é impossível apreender como elas poderiam subsistir por si mesmas, supõe-se que repousariam e encontrar-se-iam reunidas num objeto [*subject*] comum, adequado a elas, objeto [*subject*] esse que, por ser suporte dessas qualidades, chama-se substância ou matéria, embora não se tenha outra ideia dessa matéria além das ideias de qualidades supostamente inerentes a ela. Observe-se a propósito que a ideia de matéria está tão fora do alcance de nosso entendimento e apreensão quanto a de espírito, e assim como não devemos concluir a não existência daquela por não termos noção alguma de sua essência, tampouco se deve concluir o mesmo deste. A ideia de sol, por exemplo, nada mais é que uma coleção das seguintes ideias simples: redondo, brilhante, quente, que se move regularmente a considerável distância de nós etc. Como os nossos sentidos não mostram imediatamente quantas dessas ideias simples ou qualidades estão constantemente reunidas num mesmo substrato, nossas ideias de objetos substanciais ou materiais que se apresentam sob nomes determinados e, consequentemente, nossas definições de tais palavras são com frequência muito imperfeitas, o que dá ensejo a erros grosseiros e numerosas disputas. Melhor, ao criar nossas ideias de objetos, é proceder como os homens que, após examinar com assiduidade e diligência todas as qualidades sensíveis simples de um objeto [*subject*] qualquer, constatam que certo número delas se encontra certa e constantemente reunido em conjunto. Uma criança que vê repetidas vezes algo amarelo brilhante e reluzente aprende a chamá-la pelo nome *ouro*, e está predisposta a imaginar que, onde quer que venha a encontrar aquele tipo de ideia ou qualidade, é o que basta para fazer aquela coisa que ela chama de *ouro*, e está pronta a chamar cobre ou um pedaço dourado de bolo pelo nome de ouro. Os sentidos se familiarizam com essa coisa e constatam que ao amarelo brilhante está unido peso e, sucessivamente, a flexibilidade, maleabilidade, fusibilidade, fixidez, aptidão a ser dissolvido em solução líquida etc., até que tenham adquirido uma perfeita coleção de todas as ideias simples reunidas nesse mesmo objeto [*subject*] que se chama ouro. Essas ideias, uma vez enumeradas, oferecem a definição da palavra. Por mais que ideias imperfeitas de objetos materiais e, por conseguinte, definições erradas das palavras afixadas a tais objetos ocasionem muitos erros e disputas, penso que tais erros são antes sobre a significação das palavras do que sobre a natureza das coisas. Uma criança que imagina que tudo o que é dourado e reluz é ouro não faz mais do que pensar que algo amarelo reluzente é do mesmo gênero de amarelo reluzente antes observada numa parcela de ouro. Por ser essa ideia ou noção a única que ela tem de ouro, não se trata aqui de equívoco; apenas, se ela chama ouro a essa coisa, fala de maneira imprópria, pois não utiliza a palavra como outras pessoas. Do mesmo modo, se ela toma o amarelo reluzente do cobre como do mesmo gênero que o amarelo reluzente do ouro, o mais das vezes isso é um erro na comparação de similaridade entre duas ideias simples, seja devido a uma falha do sentido, que não distingue uma ideia da outra, seja da memória, que não retém a ideia com que a outra deve ser comparada, mas não um erro relativo ao substrato, pois para este a criança ainda não tem um nome e, portanto, não o considera // sob uma ideia precisa como uma coisa única.[4] // Mas nem sempre, pois o cobre pode ter uma ordenação tal que sua cor lembre muito a do ouro. // Que coleções imperfeitas de ideias simples supostamente reunidas numa mesma coisa com nome determinado produzam definições erradas – incerteza essa na significação das palavras que produz intermináveis disputas, não sobre as coisas mesmas, mas sobre as palavras – é algo totalmente inconveniente, pois os homens transmitem suas imaginações e conhecimentos e raciocínios uns para os outros quase que exclusivamente por palavras e, não raro, em vez de pensar em coisas, fixam em palavras os pensamentos que têm consigo mesmos. Por isso, definições imperfeitas e erradas de palavras causam intermináveis dúvidas, confusões e erros na mente dos

---

[4] No manuscrito original, há trechos interpolados, anotações escritas nas bordas das páginas seguintes e saltos de páginas do caderno. São as interrupções na continuidade da disposição do texto no manuscrito que causam as quebras e os retornos na numeração utilizada aqui. (N. E.)

homens, seja quando pensam consigo mesmos, seja quando conversam com outros, circunstância de relevo para a presente investigação, e a ser devidamente considerada, se quisermos descobrir de qual conhecimento das coisas, abstraídas das palavras, nosso entendimento é capaz, e se quisermos distinguir bem entre a compreensão das palavras e o conhecimento das coisas. // O que me parece certo é que as primeiras negações ou afirmações de nossa mente são sobre objetos materiais ao moldarmos ideias deles, o que não é senão que, // onde se encontram algumas dessas ideias simples, ali também se encontram as outras. Por exemplo, o ouro é dúctil: nesse objeto em que encontro amarelo brilhante aliado a considerável peso, flexibilidade e rigidez no frio, fluidez no fogo, certa ressonância etc. também encontrarei uma aptidão ou poder, qual seja, eu posso, auxiliado por instrumentos adequados, reduzi-lo a uma espessura quase que imperceptivelmente fina. As primeiras afirmações de nossa mente se dão quando da coleta de muitas ideias simples para a confecção da ideia singular de um material sensível ou, como se diz, de um objeto substancial. Essas afirmações estão fundadas na repetida aplicação de nossos sentidos ao objeto, chamada experiência e observação. A próxima coisa a entrar em nosso entendimento pela observação dos sentidos é a conexão de causas e efeitos em certos materiais, como o calor que causa fluidez na cera, rigidez no gesso etc. Essa coisa que em meu sentido táctil produz a ideia a que chamo calor em outra, amarela e maleável, de que tenho ideias consolidadas e às quais, graças à linguagem à qual estou acostumado, aprendi a chamar de cera, causa outra ideia sensível que chamo de fluidez. Consoante a isso, observa-se facilmente que as ideias simples, objeto imediato do sentido, ou antes, as palavras que expressam ideias desses objetos, não têm nem poderiam ter definições, contrariamente às coisas, ou antes às palavras utilizadas para expressar um complexo de muitas ideias reunidas. Por exemplo, quando enumeramos todas as ideias simples que observamos no que se chama de sol, definimos sol ou determinamos a significação dessa palavra, mas não definimos a luz ou o calor ou o brilho, a não ser, talvez, que tentemos mostrar as suas causas. Isso porque as ideias que esses objetos imediatos de nosso sentido produzem em nós são simples e, pela reiterada aplicação de nossos sentidos a elas, estão suficientemente fixadas em nossa memória com nomes constantemente anexados. Palavra alguma que representasse ou expressasse outras ideias poderia torná-las tão patentes para nosso entendimento quanto as ideias mesmas, o que é óbvio tanto pela experiência quanto pela razão. Todas as palavras do mundo e todas as tentativas de definição não poderiam dar a um cego de nascença uma ideia de preto ou branco ou azul; ideias simples como essas não podem ser transmitidas à mente senão por via dos sentidos mesmos; todas as palavras do mundo não poderiam produzir em sua mente uma única nova ideia simples, a não ser a do som mesmo das palavras. Como poderiam as detalhadas descrições de um viajante propiciar o sabor do delicioso abacaxi para alguém que, por nunca tê-lo provado, não tivesse ideia alguma do seu sabor? Caso se pense poder adquirir, por essa via, uma ideia nova, não seria antes uma ideia antiga, ou um composto de diferentes ideias antigas, de sabores que parecem lembrar o do abacaxi, ideias outrora produzidas na mente por outros objetos sensíveis? Na definição de ideias simples, recorremos às suas causas, na de ideias complexas, não.

§ 02

2) A outra fonte de todo o nosso conhecimento, embora não seja sentido, é, no entanto, algo muito similar e pode, convenientemente, ser chamado de sensação. Trata-se da experiência das operações de nossa mente dentro de nós, operações essas que, por serem repetidas com frequência, permitem-nos moldar certas ideias, tais como de pensamento, de crença, ou de pensar, crer, assentir, duvidar, desejar, amar, temer, esperar, detestar etc., ações de nossa mente que, por não compreendermos como o corpo poderia produzi-las, tendemos a considerar oriundas de uma substância à parte, que chamamos de espírito. Mas é evidente que, por não termos outra ideia ou noção de corpo a não ser de algo em que subsistiriam as muitas qualidades sensíveis que afetam o nosso sentido, quando supomos uma substância em que subsistiriam pensamento e conhecimento e dúvida e esperança e medo etc., temos uma noção tão clara da essência de espírito quanto temos daquela de corpo, num caso o suposto substrato desconhecido das ideias simples que recebemos de fora, no outro (com igual ignorância) o substrato das ações que experimentamos dentro de nós. Isso de passagem. Retornando à exposição, os objetos de nossos sentidos e as operações de nossas próprias mentes são os únicos princípios ou origens de que recebemos ideias simples, e todo o nosso conhecimento ulterior não é mais do que comparação, união, composição, alargamento e outros modos de diversificação dessas ideias simples. Quando a mente – que de início, parece-me provável, é *tabula rasa* – // tiver adquirido, por reiterada aplicação, a lembrança de muitas dessas ideias simples, e observar que algumas delas se encontram constan-

temente reunidas, poderá vê-las como marcas ou efeitos ou como concomitantes daquilo que a criança é ensinada a chamar por um só nome. Esse nome, com efeito, é uma afirmação, e assim são todos os nomes de substâncias.[5] Quanto a essas substâncias ou coleções de ideias simples, conhece mais acerca de uma delas em particular quem conhece mais qualidades sensíveis que nelas se encontrem ou que conheça os seus poderes, sejam eles ativos, a aptidão ou habilidade para produzir certas qualidades sensíveis em algum outro substrato, sejam passivos, a aptidão a sofrer, a partir de outro substrato, alteração de qualidades sensíveis. Mas a mente, ou o homem, quando observa que certo número dessas ideias simples se encontra em diferentes objetos [*subjects*], classifica-as juntas ou assim as encontra classificadas por outros, sob um mesmo nome geral, que chamamos de espécie [*species*], ou, de maneira mais abrangente, *genus*, ou ainda, em inglês claro, sorte ou gênero [*sort or kind*].[6] Mas como o número exato de ideias simples que pertencem a uma espécie qualquer é difícil de conhecer, e como quase nunca há consenso ou acordo a respeito, e, por isso, não se criam definições de palavras utilizadas para nomeá-los, é inevitável que as palavras tenham uma significação muito incerta, e é meramente sobre a significação das palavras que a maioria das disputas acontece, mesmo as que parecem ser sobre coisas. Por exemplo, caso se queira saber se um morcego é ou não um

---

5 Esta observação se encontra *loco non suo*, "fora de lugar". (N. A.)
6 Locke utiliza os termos *"sort"* e *"kind"* como sinônimos. A tradução do primeiro por "sorte", no entanto, foge ao uso mais comum dessa palavra na língua portuguesa. Por isso, optamos por verter ambos os termos por "gênero", assinalando entre colchetes as duas únicas ocorrências de gênero como *"kind"*. (N. T.)

pássaro, o que está em questão não é determinar se esse animal é ou não diferente do que ele é, pois ele é o que é, e tampouco se ele tem outras qualidades, pois só tem as que são suas e seria absurdo questionar tais coisas, mas sim saber se uma criatura que tem uma coleção de qualidades tal que conhecemos sob o nome de morcego deve ou não ser chamada por um nome que cabe a criaturas de outro gênero ou que têm uma coleção de outras qualidades sensíveis. Mas, tratando-se aqui de uma proposição, discutirei isso mais à frente, quando considerar o gênero [*kind*] de nossos conhecimentos a respeito de proposições. Por ora, observo apenas que, quando deixamos os particulares e tomamos os universais substanciais, ou espécies, ou melhor, palavras gerais (pois creio poder afirmar que não temos noções de coisas gerais)[7] como objeto de nosso entendimento ou conhecimento, não sendo definidas tais palavras, pensamos e raciocinamos ou discutimos sobre palavras e não sobre coisas, pois não determinamos o número preciso de qualidades sensíveis ou de capacidades ativas ou passivas que se referem a qualidades sensíveis que, por se encontrarem constantemente juntas, são significadas por esse nome. Isso se torna evidente quando muitas pessoas aplicam o mesmo nome a uma coleção composta por maior ou menor número de qualidades sensíveis, segundo conheçam ou tenham examinado acuradamente as qualidades[8] de um objeto [*subject*] que se encontra sob uma mesma denominação. Por exemplo, um jóquei

---

7 Essa frase resume a diferença crucial entre a doutrina exposta no Draft A e a que aparece nas edições publicadas do *Ensaio sobre o entendimento humano*. (N. T.)

8 Por qualidades gostaria que se entendesse o que é causa de uma ideia simples na mente. (N. A.)

recusar-se-ia a atribuir o nome *cavalo* à coleção que outro homem denomina assim se a coleção de qualidades sensíveis ou ideias simples que este último julga pertencer a essa palavra se encontrasse no que o primeiro chama de *mula*. Um inglês criado na Jamaica diria que água congelada é vidro ou cristal ou pedra; uma criança desacostumada à visão de um negro e de posse de descrições de demônios diria que um negro é um demônio e não um homem e, ao mesmo tempo, diria que um babuíno é um homem. Distinguir com precisão as coisas em espécies não é tão fácil como se imagina, pois embora no discurso e para uso próprio e nos afazeres comuns da vida não hesitemos em dar nomes às coisas ou em aceitar os nomes confusamente dados a elas como se assim estivessem distinguidas, é muito difícil estipular ou coletar o número preciso de ideias simples que necessariamente devem entrar na confecção de uma espécie qualquer, e se uma dessas ideias faltar, a coisa em que ela encontrar-se-ia deixa de ser da espécie ou gênero a que foi atribuída. Pois mesmo a espécie que supomos conhecer melhor, que denominamos homem, não se distingue tão prontamente de fera, ou, para falar com mais propriedade, ainda não se determinou com certeza e com precisão quais qualidades, em conjunto, são significadas pelo nome *homem*, tal que, se uma delas faltar, // não se deve mais utilizá-lo. A mente, no trato com objetos [*subjects*] sensíveis ditos materiais, coleta ideias simples e as reúne em conjunto, criando assim a ideia composta de uma espécie a que dá ou aplica um mesmo nome comum, que não varia para os falantes de uma língua. E, no entanto, a ideia coletiva em que cada um pensa ou que tem a intenção de expressar quando escuta ou pronuncia uma palavra varia para cada um dos usuários de uma língua; o que uma palavra representa para um não é o que ela representa para outro. Isso porque cada um coletou um número maior ou menor de ideias simples sob a mesma ideia composta significada pela palavra utilizada para a espécie, e, no mais das vezes, em todas as substâncias que se apresentam à vista, o peso das ideias como um todo recai sobre as que afetam esse sentido. Da mesma maneira, a mente, por não ter ideias externas que não sejam materiais e só ter ideias internas de suas próprias operações, que podem ou não ser espirituais, não tem nem poderia ter outra noção de espírito a não ser pela atribuição a tais seres de todas as operações que encontra em si mesma, desconsiderando-se a matéria. Mesmo as melhores noções ou a melhor ideia que podemos ter de deus vêm da atribuição das ideias simples de pensar e conhecer e querer, de existência sem começo e de poderes e operações que encontramos em nós mesmos (como o de movimentar, isto é, realizar movimento, ou o de pensar, isto é, de realizar pensamento), aliadas à concepção de deus como um ser que é em si mesmo mais perfeito por possuir esses poderes do que seria se não os possuísse, e atribuindo-os a ele num grau mais elevado do que aquele em que se encontram em nós, ou mesmo num grau ilimitado. Mas, por mais que nos digam que há diferentes ordens e espécies de anjos e espíritos, não saberíamos como moldar as ideias distintas específicas de cada um deles, e isso não por concebermos que a existência de mais de uma espécie de espírito é impossível, mas porque como não temos outras ideias simples aplicáveis a esses seres (nem somos capazes de moldar outras), a não ser a partir de umas poucas operações de nossa mente, alma ou como preferir chamá-la, não temos outro modo de distinguir, em nossas concepções, diversas espécies de espírito, a não ser pela atribuição a eles, em maior ou menor grau, de operações e poderes que encontramos em nós mesmos. O que não quer dizer que é impossível conceber ou que seja repugnante à razão que existam muitas espécies de espírito separadas umas das outras por qualidades distintas de que não temos noção alguma, a exemplo do que acontece com as espécies de coisas materiais que se distinguem entre si por qualidades que conhecemos, embora dificilmente possamos determinar com certeza o seu número. Em nomes que cabem a coisas artificiais, que são classificadas em gêneros e têm ideias a que aplicamos nomes tão distintos entre si quanto os de substâncias naturais (relógio e pistola, por exemplo, são espécies tão distintas entre si quanto homem e cavalo ou pardal e andorinha; vidro verde e vidro branco são espécies tão distintas entre si quanto diamante e esmeralda, sendo expressas em nossa mente por ideias distintas, para os outros por denominações distintas), em tais nomes, eu digo, geralmente há menos confusão e incerteza do que em nomes de coisas naturais, pois como o que faz a coisa artificial é de nossa própria lavra, é algo que o artífice projetou, e que ele, portanto, conhece bem, a ideia de uma coisa artificial é para nós mais fácil de conhecer do que a ideia de uma coisa natural, e, consequentemente, também é mais fácil de compreender e expressar com certeza, por meio de um nome menos obscuro, duvidoso ou ambíguo.

§ 03

A mente, munida de ideias de coisas, ideias que, embora não sejam perfeitas, servem para o uso na vida comum, começa a moldar outras concepções além das necessárias para ideias dessas coisas, comparando-as e considerando-as por referência a outras quaisquer. Uma coisa é a noção de homem, outra a noção de pai, assim como cavalo e garanhão são apenas nomes da mesma coisa: no primeiro caso se considera a coisa apenas em sua própria natureza, no outro como apropriada a um uso. Os nomes de relação são normalmente de significação mais certa do que aqueles que representam as substâncias mesmas, pois dependem de comparações realizadas por nossa própria mente entre as coisas mesmas que se supõe existir: o que eles expressam ou é como que uma adução à substância ou é a relação mesma. *Pai* é um termo menos duvidoso que *homem*, a noção de paternidade é mais clara do que a de humanidade, pois o ato de copulação que produz uma prole, desconsiderando-se o *modum generationis*, fornece a ideia de pai, mas não é tão fácil estabelecer a ideia de homem. Mas, se examinarmos bem, constataremos que essas relações, por mais distantes que estejam do sentido, são, no entanto, compostas por uma coleção das mesmas ideias simples que, segundo afirmei no início, estão na origem de todo conhecimento. Irmãos são os que compartilham os mesmos progenitores, amigos os que desejam e promovem o bem um do outro — bem esse que, como veremos, é uma ideia composta de ideias simples.

§ 04

60 // Além dessas noções ou ideias de diversas espécies, há na mente outras, de gênero diferente, sobre a retidão das ações, ou seja, sobre a relação ou conformidade das ações dos homens a uma regra, conformidade a que chamamos bem ou mal em sentido moral. O juízo a respeito é uma comparação da ação

com a regra, é a ordenação de uma grande quantidade de ideias simples, tantas quantas forem necessárias. Também aqui a mente remonta a ideias simples, sobre as quais unicamente o nosso pensamento pode ser empregado, de modo que o sentido ou sensação (palavra que emprego para significar as operações de nossa mente refletidas por nós) é a fundação das ideias morais. Por exemplo, assassinar é matar alguém voluntária e deliberadamente, isto é, tenho ideias de querer uma coisa, de pensar nela e de propô-la de antemão a respeito de um homem, da vida, do poder de mover e de perceber, e outras ideias simples sensíveis, e de realizar uma ação que privará outro homem desses poderes. Essas ideias simples são compreendidas sob a palavra *assassinato* (quando constato que essa ação concorda ou discorda de algo que concebo como uma lei, designo-a boa ou má) e remetem, em última instância, a uma conexão ou a um complexo de ideias simples. Ora, assim como em noções de substâncias vejo que uma coisa existe e tenho certeza suficiente de que ela existe, ainda que não saiba em que espécie classificá-la, e, consequentemente, que nome específico dar a ela – seja por não ter coletado a ideia dessa espécie, seja por só ter encontrado essa coisa em particular, seja ainda por não ter recebido de outros o nome dessa ideia, e, portanto, por desconhecê-lo (o que raramente acontece em sociedades em que os homens criaram e têm à disposição uma abundância de nomes específicos e precisam apenas adquirir por si mesmos as ideias que classificarão sob eles e expressarão por meio deles) –, assim também, a respeito de ações, pode ser que eu saiba que uma ação é conforme ou não a uma regra que, segundo penso, deveria regulá-la, e que, no entanto, eu não saiba como

Draft A do Ensaio sobre o entendimento humano

denominá-la, pois ainda não adquiri um número suficiente de ideias distintas de virtudes e vícios particulares, embora conheça bem os nomes; também pode ser que eu tenha coletado a ideia de um gênero de ação em particular, mas não conheça o nome próprio específico pelo qual ela deve ser chamada, o que, tal como no caso anterior, raramente acontece, e pela mesma razão. Encontram-se com frequência, na boca dos homens, termos como justiça, gratidão, religião, intemperança etc. sem que, entretanto, se tenha para eles noções claras e distintas das coleções das muitas ideias simples que entram na confecção de cada uma dessas coisas. Com efeito, é muito mais fácil aprender um som como *gratidão* do que coletar e determinar precisamente o número certo de ideias simples que entram na confecção da noção de gratidão a ser concebida quando eu ouço ou pronuncio ou mesmo discuto essa palavra, pois a maioria dos homens toma os sons das palavras por noções de coisas ou então as aplica descuidada e negligentemente a noções imperfeitas e inconstantes, presumindo que na utilização desses sons de aceitação geral compreenderiam outros homens e seriam por eles compreendidos, que compartilhariam com eles das mesmas noções, o que quase nunca ou jamais é o caso. Por essa razão, no discurso que ora apresento sobre o intelecto humano, é inevitável que eu tenha muito a dizer sobre palavras, dada a usual propensão a tomá-las equivocadamente por coisas. Devo advertir que em todos os discursos em que houver palavras específicas, especialmente nomes de substâncias ou de relação (dentre os quais se encontram os termos morais), que supostamente expressam uma noção ou ideia comum estabelecida com a qual muitos particulares concordam, se as palavras não forem definidas e não houver acordo entre o falante e o ouvinte a respeito de uma noção clara e estabelecida que tal palavra deve representar e à qual deve estar sempre ligada, a disputa será sobre palavras e não sobre coisas, e o discurso não será mais do que uma arenga sobre sons que não contribui minimamente para a melhoria do entendimento. Para que este tenha noções verdadeiras, é preciso que considere e colete o número de ideias simples que encontra constantemente em diversas coisas particulares e, a partir disso, molde uma noção específica, e dê a ela o nome comumente aplicado pelo uso vulgar às noções mais próximas das suas. As crianças, que aprendem palavras antes de ter adquirido noções perfeitas das coisas, aplicam-nas a esmo e irrefletidamente, // sem moldar noções claras e distintas. Esse mau hábito, por ser confortável e servir toleravelmente às transações da vida comum e à conversação, é preservado na idade adulta. Começa-se pelo fim, aprendendo-se primeiro e com perfeição as palavras e depois adquirindo-se, imperfeitamente, as noções a que são aplicadas. Isso explica por que homens que falam a língua de seu próprio país ou que a falam de acordo com a gramática e as regras estipuladas não farão senão tagarelar se as noções que as suas palavras, como signos, deveriam representar não estiverem consentidas e determinadas. Isso conduz a disputas infindáveis e frequentemente ininteligíveis. Observe-se que essa situação é fomentada, e muito, pelas eruditas artes da disputa, que geralmente contribuem mais do que a conversação do vulgo para complicar e tornar indeterminada e duvidosa a significação de palavras. Essas mesmas artes receberam, até hoje, os epítetos honoríficos, embora constituam uma habilidade inútil, de sutileza e agudeza. Assim, constata-se que embora homens bem-intencionados e sábios, cuja educação e os talentos não permitem atingir tais cimos de agudeza, compreendam bem palavras como *preto* e *branco* e tenham noções constantes das ideias significadas por elas, não faltam filósofos com erudição e sutileza para provar que a neve é preta, o que lhes permite destruir os instrumentos e meios de discurso e conversação e instrução, quando na verdade, com grande ostentação, apenas complicam e perturbam a significação das palavras e tornam imprestável a linguagem – dádiva que os iletrados não poderiam nos oferecer. Esses eruditos contribuem tanto para a instrução do entendimento dos homens e para a melhoria de suas vidas quanto um autor que, em sua escrita, alterasse a significação dos caracteres conhecidos e por um sutil recurso de erudição, para superar seus rivais na arte de escrever, substituísse a letra A pela letra B, a D pela E, e assim por diante, para assombro, e sem dúvida prejuízo, de seu leitor. É tão sensato utilizar o som da palavra *preto*, que na acepção comum representa certa ideia sensível, para a ideia contrária a essa, e dizer que a neve é preta, quanto utilizar o sinal A, que na acepção comum é um caractere que representa um som emitido por certo movimento dos órgãos da fala, para o B, que na acepção comum representa outro som, emitido por outro movimento dos órgãos da fala.

§ 05

O que eu disse até aqui se resume ao seguinte:

1) Os objetos de nossos sentidos e as operações de nossa mente imprimem em nosso entendimento ideias simples

particulares, e não está em nosso poder alterá-las; pelo contrário, as ideias simples em nós produzidas pelas qualidades sensíveis que melhor conhecemos são constantes e evidentes e distintas, e há pouca ou nenhuma dúvida e confusão a seu respeito. Essas ideias simples são tudo aquilo de que nosso pensamento ou entendimento poderia se ocupar, e o entendimento não pode recusá-las ou, uma vez que as tenha adquirido, alterá-las, ou criar novas ideias para si mesmo ou receber outras, a não ser a partir dos sentidos ou de sua própria operação, assim como um espelho não poderia recusar ou alterar ou mudar ou produzir em si mesmo outras ideias ou imagens além das que os objetos que ele reflete produzem nele. E essas são, propriamente dizendo, apreensões simples, a que aplicamos os mesmos nomes que outros a elas aplicam e cuja significação é suficientemente indubitável e clara.

2) A partir dessas ideias coletamos outras que observamos num gênero de coisas semelhantes ou que pensamos pertencerem a ela. Com isso, a ideia é ideia de uma espécie substancial, e o nome que damos a ela é o nome de uma espécie ou de um gênero de seres, ou de certo número de ideias simples com que um grande número de coisas particulares concorda, compartilhando de uma mesma noção sob um mesmo nome. Essa coleção de ideias simples sob uma mesma ideia composta específica depende de nós, e a investigação, atenção e observação variam de um indivíduo para outro ou para um mesmo indivíduo em momentos diferentes. Como,

porém, a palavra utilizada para expressar a ideia coletiva específica permanece a mesma, isso produz confusão e discordância entre os homens: o som que para um representa certas ideias simples representa, para outro, outras ideias simples diferentes.

§ 06

Essas ideias coletadas são ou de seres concebidos como subsistentes por si mesmos em classes e gêneros [*ranks and sorts*] distintos, chamados espécie [*species*] de substância, tais como homem, águia, baleia, aço, ferro, ou da referência ou relação concebida entre duas dessas coisas, relação que ora é chamada por um nome distinto, como amizade, ora por um nome que significa tanto a relação quanto a coisa que é comparada ou relacionada com outra, como amigo, pai etc. Ou ainda modos. Todas essas relações são de coisas subsistentes por si mesmas, como pai, irmão, de ideias simples entre si, como mais branco, mais quente, ou, por fim, de ações referidas a uma lei ou regra, como as virtudes ou vícios, temperança, justiça. // Mas, se a mente não conhece senão conforme suas próprias ideias, e se todas as ideias de *substâncias*, como homem, anjos, ouro, de *relações*, como rei, filho, servo, de *ações*, referidas a uma lei, como justiça, modéstia, gratidão, adultério, são meros compostos, coletâneas ou comparações entre as ideias antes mencionadas, cuja maneira de aquisição pelo entendimento é tal como eu mostrei, ou seja, a experiência, e se todas as noções dessas coisas remetem a ideias simples; logo se vê qual conhecimento e noção o entendimento tem de tais coisas, e como os adquire.

§ 07

Isso no que se refere a ideias de coisas simples ou compostas, que o entendimento do homem tem ou pode ter, e às palavras pelas quais os homens as expressam. Se me detive nisso, é porque penso ter realizado, a esse respeito, uma descoberta inovadora e inusitada, que vale expor detalhadamente. Pode-se chamá-la *conhecimento de termos simples e de suas ideias*.[9] Prossigo, pois, dizendo o seguinte.

1) As ideias simples se encontram no entendimento com tamanha clareza, distinção e perfeição que nunca são tomadas umas pelas outras, nunca se apreende calor por luz, frio por duro, júbilo por pesar, dor por deleite, preto por amarelo ou verde, movimento por brancura etc., e quem utiliza o nome de uma dessas ideias para outra fala sem propriedade. Temos, de tais ideias, um conhecimento perfeito, mas não de suas causas, modos ou efeitos.

2) Por serem as ideias compostas feitas de um agregado de ideias simples reunidas em conjunto: I) Quem molda uma ideia a partir de uma coleção parcial das ideias simples que a ela pertencem mas não inclui a todas tem um conhecimento imperfeito, como uma criança que não tem outra ideia de homem a não ser de um corpo de cor branca, com partes concatenadas, revestido de roupas.

---

9 É o que o *Ensaio sobre o entendimento humano* chama, em sua conclusão, de "semiótica, ou ciência dos signos" – numa clara alusão ao método utilizado pelos médicos (dito semiótico), que examina a doença a partir de sintomas visíveis no corpo. (N. T.)

II) Quem molda uma ideia que consiste numa coleção de ideias simples que se encontra neste objeto [*subject*] e em nenhum outro tem um conhecimento distinto. Assim, quem reúne todas estas ideias simples, amarelo brilhante, peso (comparação do movimento para baixo com o volume), fusibilidade, ductilidade, solubilidade em *acqua regia*, tem um conhecimento ou ideia distinta de ouro. III) Quem molda uma ideia que consiste de uma coleção de todas as ideias simples que se encontram numa coisa tem um conhecimento perfeito dessa coisa. Disso não posso dar um exemplo enquanto não tiver encontrado um. IV) Quem molda uma ideia de uma coleção de ideias simples inconsistentes que em parte alguma se encontram reunidas em conjunto conhece apenas as próprias imaginações. I) O primeiro, ao aplicar as mesmas palavras que outros a ideias parciais, habilita-se a falar com propriedade, mas jamais poderá definir corretamente as palavras. II) O segundo se habilita a falar com propriedade ao utilizar palavras correntes em seu país e a defini-las minimamente, evitando confusão e obscuridade. III) O terceiro se habilita a falar com propriedade e definir cientificamente. IV) O quarto, ao utilizar palavras correntes em seu próprio país, não se habilita a falar com propriedade, pois como outros não criaram nomes para as novas ideias, é preciso encontrar novos nomes para essas novas produções, o que permitiria defini-los de acordo com as noções a que são aplicados. Qualquer um desses quatro, porém, pode falar sem propriedade, se aplicar a suas ideias palavras tais que o uso comum convencionou para outras coisas ou ideias.

§ 08

Até aqui, restringi-me a discorrer sobre ideias, como o entendimento as adquire e os nomes dados a elas. Dentre elas, só podem ser consideradas como puramente simples as oriundas do sentido ou das operações de nossa mente; quanto às demais, são compostas e constituem, nessa medida, uma espécie de afirmação. Ora, como ideias compostas se dão a conhecer como um todo sob um mesmo nome e são consideradas como uma mesma coisa, como, por exemplo, homem, cavalo, água, aço etc., segue-se que podem ser tratadas como apreensões simples, e por mais que algumas sejam deficientes, nenhuma pode ser dita propriamente falsa. Se tais representações não contêm, em si mesmas, nada além do que concorda com a coisa, são verdadeiras; se contêm algo que discorda dos objetos ou coisas existentes, não poderão ser ditas representações ou ideias falsas de um objeto que elas, efetivamente, não representam. O erro do juízo ocorre quando a mente, tendo moldado uma ideia, conclui que ela concorda com uma coisa e é a ideia dessa coisa, comumente chamada por esse nome, ao passo que essa coisa, assim chamada, na verdade não corresponde a essa ideia. O equívoco é aplicar o nome errado à ideia, e não a ideia à coisa errada, ou em julgar que algo realmente deve existir de que isto é a ideia, o que consiste numa falsidade da proposição, não da ideia. Quem molda uma ideia perfeita de mula e decide chamá-la de cavalo se equivoca quanto ao uso de um nome errado, // não porque utiliza uma ideia falsa. Pois o homem, uma vez que só tem ideia de uma coisa exterior na medida em que pensa no nome ou na ideia dessa coisa, pode bem atribuir uma ideia errada a um nome, isto é, pode criar uma ideia que não concorda com a coisa significada pelo nome, mas não poderia criar uma ideia errada ou falsa de uma coisa que só conhece por meio da ideia que tem dela. Se eu moldo a ideia das pernas e braços do corpo humano e acrescento a cabeça e o pescoço de um cavalo, não crio uma ideia falsa de uma coisa qualquer, pois essa ideia não representa nada que exista fora de mim. Mas, quando dou a ela o nome de homem ou de Tamberlain,[10] acrescento à ideia um nome errado, ou crio uma ideia que, em minha fantasia, se assemelha à coisa significada por esse nome, e assim a nomeio equivocadamente. Ou então, se imagino que tal coisa existe fora de mim, erro, pois afirmo a existência de algo que na realidade não existe. Mesmo assim, não se trata de uma ideia falsa. Atribuir a ela um nome errado é falar sem propriedade, afirmar a sua existência é errado e falso. // Assim como a mente, para poder reunir suas ideias, registrar seus próprios pensamentos e observações e significá-los para outros, conta com a aptidão de criar palavras gerais que expressem um grande número de coisas particulares, ela deve, pela mesma razão, criar palavras universais para todas as suas ideias como *ente*, *ser*, *algo*, *existência*, adequadas a ideias particulares. Que a noção de *ser* só é adequada às ideias particulares que coletamos junto aos sentidos ou à sensação, não se estende para além deles e não é, portanto, uma noção nova, e tampouco uma ideia inata, mas uma denominação geral de ideias particulares que adquirimos pela observação, é algo, creio eu, evidente. Tendo experimentado em nós mesmos os poderes de pensar e de nos

---

10 Timur-i-Leng, conquistador mongol que viveu no século XIV. (N. T.)

movermos, e também o poder de, alterando o movimento ou a posição das coisas, modificar muitas de suas ideias sensíveis; e, da mesma maneira, tendo adquirido, por nossos sentidos, ideias de extensão, cores, sons, odores e sabores, sempre que os encontrarmos ou onde quer que supusermos a sua existência, concluiremos e afirmaremos que se trata de uma coisa ou ser. Se alguém porventura conseguir suprimir ou suspender, em seus pensamentos, o poder de pensar e extrair e alterar ideias de outras coisas, juntamente com a ideia de extensão e outras ideias do sentido ou poderes de afetar nossos sentidos, suprimirá também a noção de ser, e o que restar poderá, com razão, ser dito um *nada*. Peço ao leitor que considere se os seus próprios pensamentos, dissociados dos poderes ou ideias aqui mencionados, trariam alguma noção de entidade ou ser. Vem daí a evidência da proposição *non entis nulla sunt praedicata* [de não seres, não existem predicados], pois, tendo abarcado na noção de *ens* todas as nossas ideias particulares e todos os poderes de alterá-las ou produzi-las, devemos necessariamente, quando negamos *ens*, negar todas elas, pois nossa noção de *ens* lhes convém. Que a noção de ser ou *ens* não abarca senão ideias simples particulares que adquirimos pelo sentido e pela sensação, dentre as quais estão os poderes de produzi-las ou alterá-las, resulta ainda mais claro do fato de que, em meio a todo o falatório a respeito de ente e ser, e do conhecimento certo que se alega a respeito, não realizamos descobertas e não adquirimos noções da substância ou *substratum* de seres extensos ou de seres pensantes. Nossa única noção de substância é de ideias de certos poderes, de sustentar por si mesmo diversas ideias simples e alterar ou produzir ideias simples em outros seres.

§ 09

63   // Uma vez que a mente tenha adquirido um estoque de ideias simples advindas dos sentidos, como luz e cor pelos olhos, sons pelos ouvidos, odores pelas narinas, sabores pela boca e pelo paladar, de qualidades tangíveis pelo tato, além de outras oriundas de mais de um sentido, como distância e movimento pelos olhos e pelo tato; e uma vez que tenha adquirido ideias dos diversos gêneros ou modos de pensar que experimenta em si mesma, bem como de número, a partir de sua própria operação e de todos os sentidos (pois qualquer um pode numerar dois ou dez pensamentos ou ideias ou atos de pensar que repita para si mesmo); e uma vez que, munida de tais ideias, tenha criado ideias compostas a partir de sua reunião, como, por exemplo, homem, cavalo, rei, irmão, virtude, temperança, roubo etc., poderá então conjugar duas dessas ideias, consideradas como distintas, e reuni-las ou separá-las por meio de afirmação ou negação. A expressão dessa operação em palavras chama-se proposição, e nela reside toda verdade ou falsidade do conhecimento.

§ 10

A primeira e mais natural predicação ou afirmação é de existência, não da ideia, mas de algo fora de minha mente correspondente a uma ideia. Se tenho em minha mente a ideia de branco, a questão é saber se tal qualidade, cuja aparição diante de meus olhos causa sempre aquela ideia, realmente existe ou não, e se existe ou não fora de mim. A principal garantia que poderia ter disso, a única que minhas faculdades podem propiciar, é o testemunho de meus olhos, únicos juízes adequados de tais coisas, cujo testemunho eu tomo como tão certo que não poderia duvidar, enquanto escrevo estas palavras, de que vejo preto e branco e que essas cores realmente existem, assim como não poderia duvidar de que escrevo. Essa é a maior certeza de que a natureza humana é capaz, a respeito da existência de algo, exceto pela existência do eu [*self*], pois, de acordo com Descartes, ninguém poderia duvidar de que, quando escreve ou pensa que escreve, esse alguém que pensa existe. A certeza, pelo testemunho de nossos sentidos, de que uma coisa existe é não apenas tão grande quanto poderia admitir o nosso molde, como é suficiente para satisfazer as necessidades de nossa condição. Nossas faculdades não convêm à plena extensão dos seres e ao conhecimento perfeito, claro e abrangente, mas à preservação daqueles a quem foram concedidas e a quem pertencem, e servirão suficientemente aos nossos propósitos se nos alertam de coisas que venham a nos auxiliar ou nos prejudicar. Um homem que vê uma chama tem certeza de que a luz e o movimento, dos quais tem ideias, se encontram fora dele, e de que tais ideias são causadas por essa chama, pois, por ter experiência ocasional desse objeto, tem certeza de que essa coisa que nele produz ideias de luz e movimento, se tocada por seus dedos, causará forte dor. Uma certeza como essa é suficiente para que cada um possa governar suas próprias ações, ninguém requer mais. Eu gostaria que um cético, que duvida de que o vidro que acaba de deixar a fundição realmente existe, o tocasse com as mãos. Essa evidência é tão grande quanto poderíamos desejar, é tão certa para nós quanto o nosso prazer ou dor, quanto a nossa felicidade ou miséria. Para além disso, o conhecimento e o ser não nos concernem.

§ 11

Outro gênero de afirmação ou negação é de ideias simples, em que ideias de mesma espécie são comparadas entre si, como quando se afirma que se encontram mais graus de brancura, calor e doçura numa coisa do que em outra, que a temperatura é mais quente aqui do que em outro lugar etc. O conhecimento acurado dessas ideias, porém, não tem utilidade universal nem oferece ao mundo medidas e padrões pelos quais estimá-los com precisão; // todas as medidas até aqui encontradas dependem destes dois padrões universais, extensão e número, e se resumem a eles, que, por se prestarem ao mais exato escrutínio e ao mais generalizado uso, foram tão diligentemente estudados que parece que os conhecemos com a mais acurada exatidão. O primeiro é a comparação de uma extensão a outra por meio de linhas ou ângulos conhecidos que utilizamos como parâmetro para o que não conhecemos. O fundamento desse procedimento reside no sentido, mais precisamente na visão, e sua certeza, embora seja considerada a maior que poderíamos ter ou esperar, não é maior que o discernimento de nossos olhos. Tal é, em última instância, o significado do pomposo nome *demonstração*. Uma proposição provada por esse meio traz uma evidência que ninguém questiona e propicia conhecimento certo. A certeza do conhecimento matemático surge do seguinte modo: 1) Pela constante observação de nossos sentidos, especialmente de nossos olhos, constatamos que tais e tais quantidades, comparadas a outras, têm tais e tais proporções, por exemplo, que os três ângulos de um triângulo são iguais a dois ângulos retos, ou que num triângulo o ângulo externo é igual aos dois ângulos opostos internos. Essas proposições, uma vez testadas em muitos triângulos, e não sendo desmentidas por nenhum, são tidas como verdades universais reconhecidas e adquirem o estatuto de axiomas indubitáveis, tornando-se como que o padrão de medida de outras proporções. Não examinarei aqui se axiomas geométricos mais gerais, como *aequalibus aequalia si demas, qaue remanent erunt aequalia etc., totum est majus sui parte, equale ominbussuis partibus simul sumptis* [se subtraíres coisas iguais de iguais, as coisas remanescentes serão iguais etc., o todo é maior que uma parte de si, iguala todas as suas partes tomadas ao mesmo tempo], estariam ou não relacionados à significação das palavras, e se não estariam contidos na própria significação das palavras, que são elas mesmas palavras relativas. Penso, no entanto, poder afirmar que todos (e tudo o que lhes garante assentimento para além do que se concede à significação das palavras), depende unicamente do testemunho e da asseveração de nossos *sentidos*. Com efeito, se os sentidos puderem apresentar um só exemplo contrário a qualquer um desses axiomas, sua força e certeza ruirão no mesmo instante. A não ser, é claro, que se suponha que a verdade de axiomas, mesmo de geometria, estaria fundada em números, o que é bem possível, dado que o entendimento considera uma extensão maior ou menor do que outra, segundo seja composta de mais ou menos partes. Se for esse o caso, todas as demonstrações de geometria terão a mesma certeza e dependerão da mesma origem de que depende o conhecimento de números, ou seja, de adição e subtração. Como adquirimos noções dessas operações e de onde as derivamos é o que veremos a seguir.

§ 12

Outro gênero de ideias simples em que há demonstração e de que temos conhecimento certo na comparação é a de número, ideia mais clara que a de extensão, pois a recebemos de todas as fundações de nosso conhecimento, interno e externo, o que explica por que as demonstrações sobre números são mais evidentes do que as de extensão: a ideia de número é mais determinada e precisa que a de extensão, em que a igualdade e o excedente (a extensão é divisível *in infinitum* ou para além de nossa apreensão) não são tão facilmente observáveis ou mensuráveis, ao contrário do que acontece com números: 1 é tão distinguível // de 2000 quanto de 2, que é o seu sucessor imediato. O mesmo não se passa com a extensão: qualquer coisa que exceda um pé ou polegada não é distinguível de um pé ou polegada. Duas linhas parecem ter a mesma extensão, mas uma delas pode ser mais longa do que a outra por uma milionésima parte. Ninguém saberia indicar o ângulo imediatamente maior que o reto. Imagino assim que a certeza da demonstração ou conhecimento geométrico esteja fundada na aritmética e dependa da comparação entre números, e imagino que a maior parte dos axiomas de geometria, se bem examinados, resume-se a isto, um e um comparados são iguais, dois são mais do que um, um acrescido a um é maior do que um por si mesmo. A isso remetem todos os axiomas sobre *totum pars et aequale et inaequale*, "todo, parte e igual e desigual". Há ainda que observar, a respeito de números, que embora seja esta a ideia mais universal de que dispomos, pois concorda com todas as coisas, e embora seja, para a mente, a mais natural de todas, não podemos utilizá-la a não ser com palavras ou caracteres ou outros signos exteriores, enquanto que podemos pensar num homem ou cavalo branco ou preto e podemos raciocinar sobre tais coisas sem utilizar palavras ou signos exteriores, basta que moldemos na mente uma ideia delas. A razão disso, eu imagino, é que a ideia de unidade é tão simples, e, quando a moldo em minha mente, tão exatamente igual a todas as outras ideias de unidade que eu tive ou poderia ter ou criar, que repetidas ideias ou noções de unidade nunca poderiam ser distinguidas umas das outras, seriam uma massa confusa e indistinta, se eu não tivesse palavras ou marcas, como 1, 2, 3 etc., para conhecê-las e determiná-las. Ora, assim como a noção de um é sugerida por cada objeto do sentido e por cada ato ou operação de nossa própria mente, como consideração de uma coisa sozinha, sem acréscimo ou referência a outra, a noção de dois consiste apenas em juntar à noção de um, em nossos pensamentos, outra igual. A essas duas coisas, ou concepções precisas e separadas, reunidas e referidas como tais, chamamos de dois. Quem quer que possa fazê-lo será capaz de progredir tanto na enumeração quanto permitam os nomes, pois toda enumeração se resume ao acréscimo de uma unidade e a dar ao todo assim reunido um novo nome pelo qual possa ser distinguido dos anteriores ou posteriores, de um número maior ou menor de unidades. Mesmo quem só for capaz de adicionar um a um e de subtrair um de um poderá realizar toda comparação de números para os quais tiver nomes e será senhor de toda a aritmética, que consiste apenas em adição e subtração. As artes numéricas são meros expedientes para realizar essas duas operações. Afirmo apenas que quem for capaz de adicionar e subtrair poderá alcançar o conhecimento de todos os números para os quais tenha nomes, embora talvez não o de outros. Se eu me propusesse a preencher uma página como esta em que escrevo com figuras que utilizamos para números, tomadas como um conjunto ordenado da direita para a esquerda, para expressar um único número, ninguém poderia dar o nome desse número, que não seria conhecido determinadamente porque não temos nomes para números com tantas casas decimais. Por essa razão, afirmo que quem souber adicionar um a um, um a dois, subtrair um de um, e souber que um é igual a um e que o acréscimo de uma unidade a um deles produz desigualdade terá o fundamento e a medida de toda demonstração aritmética e provavelmente também de uma boa parte da geometria. A evidência da demonstração ou a certeza do conhecimento a que assim chegamos é esta: tendo, por meio de nossos sentidos ou sensação, adquirido ideias de extensão e número; tendo, por repetidas observações dessas // ideias, alcançado um conhecimento de igualdade ou desigualdade entre elas, comparadas entre si; e tendo verificado que, comparadas uma à outra, mantêm sempre a mesma proporção, poderemos coletar proposições tais que, por constatarmos serem verdadeiras, chamamos de máximas, e tais que são verdades eternas, pois quando quer que esses números ou proporções existam, deverão ter, necessariamente, todas as propriedades por nós demonstradas a seu respeito. Tomando-as e utilizando-as como medidas padrão conhecidas, ou como regras de medida, e comparando-as a outras extensões ou números cujas proporções recíprocas ainda não conhecemos, adquirimos um conhecimento que chamamos de demonstração. Assim, toda proposição que tivermos demonstrado no progresso da geometria ou da aritmética, toda quantidade de uma linha ou ângulo que tivermos medido pode ser aceita como verdade patente, como padrão de medida de outras quantidades. Em mensurações como essa, a investigação se restringe a examinar se a extensão ou número que medimos é maior ou menor ou igual a outro, cuja grandeza conhecemos. A comparação correta nos fornece um conhecimento certo, que alcançamos por demonstração; e, ao compararmos entre si proporções de extensão ou de números, temos um conhecimento certo, a respeito do qual não pode haver dúvida. No entanto, deve-se observar que esse conhecimento tão perfeito e completo é de proporções de números ou de extensão que assim são *ex necessitate rei*, "por necessidade da coisa", que são propriedades inseparáveis dos ângulos ou figuras em que os encontramos. Por exemplo, uma propriedade inseparável do triângulo é ter três ângulos iguais a dois ângulos retos, o que podemos saber com certeza comparando-os ou medindo-os por ângulos cuja grandeza conhecemos de antemão. Esse conhecimento não se inclui, portanto, na definição que as escolas dão de conhecimento, *scire est per causa scire*, "conhecer é conhecer por meio de causas", pois tudo o que conhecemos por demonstração é a igualdade ou desigualdade de quantidades comparadas entre si e suas diversas proporções, não a causa que as produziu. Tal é o nosso conhecimento da verdade ou falsidade de proposições em que as magnitudes ou números são predicados um do outro como maiores, menores ou iguais. O mesmo vale para tudo o que possa ser medido por número ou extensão, como movimento, tempo, peso etc., conhecimentos de cuja certeza temos garantia, pois versam o conhecimento claro de nossas próprias ideias e a certeza de que quantidade e número existentes têm as mesmas propriedades e relações que as respectivas ideias entre si.

§ 13

O próximo gênero de proposição é aquele em que uma ou mais ideias simples são afirmadas ou negadas a respeito de uma coisa substancial conhecida por um nome. Em tais proposições, em que ideias simples são predicadas de objetos [*subjects*], isto é, de uma coleção de ideias simples reunidas em conjunto como se estivessem conectadas a esse objeto [*subject*], nosso conhecimento não vai além do que nos informam nossos sentidos em contato direto com eles. É o que ocorre, por exemplo, em proposições como *Thomas riu*, ou seja, seu rosto assumiu certo aspecto e movimento, e sua voz certo tom (a palavra riso significa, como outras, abreviadamente e por conveniência, uma coleção de diversas ideias simples modificadas); *a lebre que vi ontem era cinza; o leite que ora bebo é branco* etc. Até esse ponto chega o nosso conhecimento certo de coisas particulares passadas e presentes. Quando, porém, procedemos a proposições gerais, como na proposição *todo leite é branco*, em que se afirma uma ideia simples a respeito de um nome, então ou a ideia simples está incluída na definição mesma do nome e a proposição é sempre verdadeira, mas também sempre verbal, como *este homem é racional*, pois não propicia conhecimento certo de que tais coisas existam; ou sabemos com certeza que ideias específicas essenciais cabem a cada indivíduo particular de uma espécie qualquer (o que só pode acontecer pelo testemunho dos sentidos e pela observação e é, portanto, algo que dificilmente acontece) e temos conhecimento certo de que uma proposição universal como essa é verdadeira a respeito de coisas existentes *extra*, "externamente", fora de nós; ou, por fim, observamos que essa ideia simples cabe a todos os indivíduos da espécie com que nossos sentidos depararam, e a predicamos a respeito deles, mas não a incluímos na definição do nome da espécie, e a predicação é real, mas não verdadeira ao certo, e tampouco é certo o nosso conhecimento dela. Conclui-se que

67 // em proposições em que o predicado é parte da definição do objeto [*subject*], temos conhecimento certo da verdade da proposição. A ideia que moldei a que chamo *homem* contém em si a ideia a que chamo *racional*, e a proposição *este homem é racional* nada mais é que uma predicação de nomes conveniente à minha ideia, mas não o conhecimento de coisas existentes *in rerum natura*, "no mundo da natureza". Pois é evidente que as crianças, e muitos adultos por boa parte de suas vidas, não chegam a ser tão racionais quanto um cavalo ou um cão, e não vejo como, nessa condição, a ideia racional poderia lhes pertencer ou ser afirmada a seu respeito. Assim, ao moldarmos tais ideias dentro de nós, não podemos criar proposições que possam ser verdadeiras a respeito de coisas fora de nós com o conhecimento de que elas certamente existem tal como as concebemos, pois o único conhecimento que temos a respeito de tais coisas é por meio de nossos sentidos. Mas, em se tratando de magnitude e número, temos conhecimento certo da verdade de proposições universais, pois todas as propriedades e proporções que pertencem a uma figura matemática que imaginamos em nossa mente devem também pertencer à mesma figura fora de nós, e devem ser encontradas nela, pois a conexão de ideias dentro de nós e a sua existência fora de nós devem ter sempre concordância exata. Todas as propriedades pertencentes a um círculo ou a um triângulo equilátero moldado em minha mente devem pertencer igualmente a um triângulo equilátero ou a um círculo desenhado numa folha de papel ou que exista de algum outro modo fora de mim, pois as proposições demonstráveis e necessárias devem ser, ponto a ponto, as mesmas em ambos os casos, *et sics de caeteris*, "e o mesmo vale para outros casos", o que não ocorre em proposições a respeito de outras coisas. Por mais que eu tenha certeza de ter medido ou considerado as proporções de um triângulo equilátero moldado em minha mente e constatado que os seus três ângulos são iguais a dois ângulos retos, e assim saiba que onde quer que tal triângulo exista os seus três ângulos serão iguais a dois ângulos retos, estou muito longe de uma certeza como essa quando a observação dos meus sentidos me instrui a moldar a ideia de um homem, como a seguinte: 1) face usual à espécie, que, embora consista de muitas ideias particulares, por brevidade e pela obviedade da questão, tomo como uma só; 2) duas mãos com cinco dedos em cada uma; 3) duas pernas; 4) postura ereta; 5) vivente; 6) poder de rir; 7) poder de falar; 8) poder de raciocinar, ou de conhecer a consequência de palavras e proposições umas em relação às outras, e de julgar, ou de presumir qual a verdade das palavras, ou da existência das coisas que elas dizem. Pois bem, quando essas oito ideias estiverem reunidas, moldando em minha mente a ideia a que chamo *homem*, não terei conhecimento certo de que, onde quer que existam seis ou sete delas, a sétima ou oitava irá se seguir necessariamente (excluindo-se talvez a quinta, *vida*, que não é uma ideia específica por meio da qual eu conheça o homem ou o distinga de outras coisas). Quando se afirma que o homem é racional ou tem o poder de raciocinar, isso pode ter dois significados: 1) que o poder de raciocinar está incluído na ideia que chamo de homem ou cabe a ela, e então a proposição é certamente verdadeira e é apenas verbal, não vai além de minhas próprias ideias e das palavras ou nomes que aplico a elas; 2) que onde as sete primeiras ideias se encontrarem ali também se encontrará, com certeza, a oitava, e a proposição será real, ou versará coisas que realmente existem fora de minha mente, mas não será certamente verdadeira, como se viu anteriormente.

§ 14

Entre as ideias simples de que falei, mencionei as de poderes de produzir ou receber tais ideias, porque não há quase nenhum objeto [*subject*] em que uma ou mais delas não sejam consideradas como parte da ideia complexa específica, como os poderes de rir, raciocinar e falar, no homem, ou fusibilidade, flexibilidade e ductilidade, no ouro, capacidades essas que, ativas ou passivas, são consideradas pelos que as observam como qualidades ou ideias atualmente existentes nos objetos [*subjects*] mesmos. Mas poderes ativos são apenas isto: algo que é conhecido por mim sob um nome produz em outra coisa uma nova ideia simples ou uma qualidade de que tenho ideia, por exemplo, o fogo, aplicado ao aço com certa intensidade, produz fluidez e, aplicado ao mesmo aço com maior intensidade, produz outras qualidades ou ideias, como pulverização em pequenas partes dissociadas, de cor vermelha. Potencialidade passiva é quando qualquer objeto [*subject*] em que geralmente se encontram ideias simples de certo gênero é capaz, por meio da aplicação de algo diferente, de ter alteradas essas ideias simples. Por exemplo, a cera, dura e espessa, é também fusível, ou é capaz, submetida a certos graus de calor, de se tornar fluida; o ferro, duro e contínuo e branco, é capaz, submetido ao fogo, de se tornar mole e da cor do fogo, e, com a aplicação ulterior da chama, de se tornar um pó vermelho. Ora, como tudo isso se refere a noções de causa e efeito, podemos considerar agora que espécie de conhecimento nós temos de causas e efeitos.

§ 15

1) Sabemos com certeza que uma coisa como o fogo, em que se encontra uma coleção de ideias simples, se aplicada de determinada maneira a certos objetos, produzirá determinados efeitos, ou seja, alterará de determinada maneira ideias particulares de ferro, vidro, madeira, pedra, ouro etc., e disso não temos outro conhecimento além do que os nossos sentidos nos propiciam, o que explica porque só podemos criar proposições universais de cuja verdade nós tenhamos garantia se versarem poderes que incluímos na ideia do objeto ou na definição do nome. Mas uma proposição como essa é apenas verbal, como foi mostrado anteriormente, no § 13. Uma proposição universal, como *todas as pedras-ímã atrairão o ferro*, certamente é verdadeira, desde que eu inclua o poder de atrair o ferro na ideia mesma disso que chamo de *pedra-ímã* // ou inclua a qualidade ou poder na definição da palavra *pedra-ímã*. Mas, se eu disser que uma pedra com a mesma cor, peso, dureza e outras ideias simples que usualmente encontro na pedra-ímã certamente atrairá o ferro, não terei disso conhecimento certo. Portanto, em se tratando de proposições universais conectando causas e efeitos, não posso ter garantia de que são verdadeiras. Mesmo supondo que eu saiba com certeza que existiu ou existe uma determinada coisa que, segundo observei, produz constantemente certos efeitos, ou que existe uma coisa que, segundo observei, usualmente é efeito de certa causa, não tenho como saber ao certo se essa coisa produzirá esse efeito ou se o efeito que vi foi produzido por essa causa. Isso só seria possível se eu tivesse absoluta certeza de conhecer a extensão e eficácia completa de todos os agentes que poderiam produzir esse efeito,

e da resistência de todos os objetos particulares que, por mais que concordem com as demais ideias simples, podem não ser alteráveis pela mesma causa eficiente. Mas um conhecimento tão abrangente de causas e efeitos, ao que me parece, está fora do alcance do entendimento humano, exceto pelos poderes ativos ou passivos incluídos na definição da palavra ou da ideia da coisa significada pela palavra na proposição, o que, como já expliquei, não constitui conhecimento de coisas realmente existentes fora de nós. Segue-se que não posso ter outro conhecimento certamente indubitável da conexão constante de supostas causas e efeitos, além do fornecido pelos meus sentidos. Esse conhecimento, ademais, é de gênero bastante grosseiro, pois não passa disto, eu vejo, quando aplico fogo ao ouro, que ele derrete; uma pedra-ímã próxima de um pedaço de ferro o desloca; neve e sal postos numa vasilha d'água enrijecem a água que a circunda. Em nenhum desses casos tenho conhecimento do *modus operandi*, ou de como os efeitos são produzidos, de como ideias simples como as de *deslocamento* do ferro, *fluidez* do ouro e *consistência* da água vêm a existir em diferentes objetos, pois essas alterações, realizadas por partículas tão pequenas e diminutas que não podem ser observadas pelos sentidos, não podem ser conhecidas por mim em sua operação, apenas sou informado, por meus sentidos, de que as alterações de fato ocorreram, o que, de resto, dá uma boa noção de como a informação do nosso entendimento depende dos sentidos. Se tivéssemos sentidos que nos mostrassem as partículas da água em estado fluido, sua figura, posição, movimento etc., a diferente disposição dessas mesmas partículas ou a adição ou subtração de outras quando do congelamento da água ou do seu enrijecimento, conheceríamos o *modus* pelo qual o frio produz na água uma consistência dura, assim como conhecemos o modo como um marceneiro reúne entre si peças separadas para fabricar um armário ou uma mesa, que, como se percebe, se mantêm coesos graças a pregos e parafusos; e os movimentos dos animais seriam para nós tão inteligíveis quanto os do mecanismo de um relógio. Nossos sentidos, porém, não nos mostram as finas e imperceptíveis partículas, e nosso entendimento permanece, quanto a isso, na escuridão. O que eu disse até aqui sobre causas vale para causas *eficientes*. Quanto aos outros três gêneros de causas, escapa-me a sua eficácia, ou a sua causalidade.

§ 16

2) Embora no caso de proposições em que causas e efeitos particulares são predicados um do outro não tenhamos conhecimento certo para além da informação de nossos sentidos, sabemos em geral ao menos isto, que tudo o que teve um começo teve uma causa fora de si que lhe deu um começo, ou seja, que lhe deu existência. E o começo de uma coisa qualquer pode ser considerado de dois modos. I) Quando ela é inteiramente criada *de novo*, "do nada", isto é, quando nenhuma de suas partes jamais existiu antes, como no caso de uma nova partícula de matéria que antes não existia e começa a existir *in rerum natura*. Chamamos isso de *criação*. II) Quando uma coisa é feita de partículas que antes existiam, mas ela mesma, constituída de partículas preexistentes, que, tomadas em conjunto, constituem ou perfazem tantas ideias simples particulares, não tinha antes existência alguma, como um ovo ou uma rosa ou uma cereja. E isso, quando se refere a uma substância produzida no curso

ordinário da natureza por um princípio interno, mas posta para operar e recebida por um agente ou causa externa que opera de modo imperceptível e incompreensível, é chamado de *geração*; quando se refere a ideias simples em substâncias quaisquer, é chamado de *produção*; e, quando se refere a coisas que existem de tal ou tal maneira graças a um homem ou agente externo, que agrupa partes distintas ou que as justapõe, é chamado de *fazer*, como no caso das coisas artificiais. Pois bem, temos um conhecimento certo de que nada pode começar a existir, em nenhum desses sentidos, sem uma causa. Se uma coisa qualquer começa a existir sem uma causa eficiente preexistente, essa existência ou se deve à operação de um nada sobre ela, mas é uma contradição que um nada, a perfeita negação de todo ser, possa operar; ou então se deve à eficácia que ela própria tem sobre si mesma, o que também é uma contradição, pois é impossível que uma coisa qualquer cause o seu próprio início, pois então o que se causa a si mesmo existiria antes de ter se causado a si mesmo. Portanto, no que se refere à conexão de causas e efeitos, sabemos que o que quer que tenha // um começo tem também uma causa. Tal é, em minha opinião, o nosso conhecimento de coisas positivas consideradas em si mesmas, e nada mais há que possamos propriamente chamar de conhecimento.

§ 17

Restringi-me até aqui a seres positivos e a nossas ideias deles, como as de operações de nossa mente, de objetos de nossos sentidos e de substâncias, em que se combinam maior ou menor número de ideias. Branco ou doce e muitas outras de nossas sensações talvez sejam causadas constantemente por partículas de certas figuras, figuras que são uma consideração relativa em que comparamos entre si as partes de cada uma. Como, porém, a ideia de branco ou doce etc. é produzida em mim e retida em minha memória sem nenhuma consideração relativa, mas como uma única ideia simples positiva, e como os nossos sentidos, em contato com um objeto qualquer, não notam relação entre a coisa e os nossos sentidos, devemos, por isso, considerá-las como coisas positivas, não interessa a causa filosófica incerta de tal sensação, apenas a ideia ou o objeto sensível que a produz. A maioria dos homens, que nunca se dá ao trabalho examinar a natureza da coisa que, quando a veem, chamam de branco e sentem a mesma sensação que o filósofo, tem exatamente a mesma ideia de branco que tem um filósofo que pensa ter encontrado a essência mesma, a natureza ou forma ou modo que produz nele tal sensação. Por isso, embora eu tivesse me proposto, até aqui, tratar principalmente de coisas positivas, apresentaram-se no caminho algumas coisas relativas, como, no § 11, números e medidas dos objetos de demonstração e de certeza matemática, além de causalidade e potencialidade, poderes ativos ou passivos de alterar outras coisas ou de ser alterado por elas. Por responderem por uma grande parte das ideias que perfazem a ideia complexa de uma substância qualquer e serem o principal critério para distingui--las umas das outras e para formar noções delas, tais coisas não poderiam ter sido omitidas nem deslocadas para a próxima seção, onde me proponho tratar das relações, que constituem um campo de conhecimento bastante extenso, pois as palavras e ideias e proposições que dependem de relação são muito mais numerosas do que as que se referem a coisas positivas.

§ 18

Não há nada que não seja suscetível de um número quase infinito de considerações por referência a outras coisas, e as noções de relação são muito mais numerosas do que as de coisas positivas e perfazem a maior parte do nosso discurso. Por exemplo, esse gênero de ser, o homem, ou melhor, um único indivíduo humano, pode, ao mesmo tempo, manter todas estas relações ou estar envolvido nelas: europeu, inglês, ilota, cristão, papista, pai, irmão, filho, avô, neto, sogro, marido, amigo, inimigo, súdito, juiz, conselheiro, militar, condestável, filósofo, homem livre, barão, justo, valente, mais alto, maior, menor, mais velho, mais jovem, contemporâneo, parecido, diferente etc., praticamente ao infinito, pois é capaz de ter tantas relações quantas ocasiões se ofereçam para que seja comparado a outras coisas com que pode ter acordo ou desacordo ou que lhe digam respeito ou que lhe possam ser comparadas. Mas, por mais numerosas que sejam essas relações e por mais que a maioria das palavras que utilizamos na fala representem relações, as noções que temos delas são em geral mais claras e mais distintas; embora não sejam ideias simples, são certamente ideias de substâncias positivas, em que muitas delas se fundam ou às quais pertencem. A noção que temos de pai ou de irmão é consideravelmente mais clara que a de homem, ou, se quiserem, paternidade é uma coisa de que tenho uma noção mais clara do que humanidade; é muito mais fácil, para mim, conceber um amigo do que conceber deus. A razão disso, imagino, é dupla: 1) o conhecimento de uma ação ou de uma ideia simples é em geral suficiente para propiciar a noção de uma relação, mas, para conhecer um ser substancial, é necessária uma coleção precisa de inúmeras ideias para que haja uma noção da coisa; 2) como muitas dessas relações são de criação do homem, concede-se que tenha delas ideias verdadeiras, e é natural que seja assim, pois são suas criações, como no caso dos ofícios de instituição e nomeação humana, como cônsul, ditador, tribuno, general, governador.

§ 19

// Para compreender melhor essas relações, é conveniente considerá-las mais distintamente. Ao que me parece, são de três gêneros. 1) Comparação entre duas ideias simples, como em mais branco, mais doce, mais comprido. Embora as palavras que efetuem a comparação compreendam também o objeto [*subject*], isso ocorre apenas para a brevidade de expressão, pois a relação inteira repousa na ideia simples de brancura, doçura, comprimento ou quantidades, o que resulta no fato de que a brancura que se encontra no objeto [*subject*] chamado rosa é menor que aquela que se encontra no objeto chamado neve. 2) Há relações de uma substância com outra, e são de dois gêneros: inalteráveis, que duram enquanto existirem as substâncias relacionadas, como pai, irmão e outras que, por dependerem de um ato precedente que não pode ser revogado ou anulado, são inalteráveis (dois indivíduos que nascem de uma mesma mãe são inalterável e perpetuamente irmãos); alteráveis, quando o que criou ou propiciou a relação deixa de existir ou é anulado, como no caso de um marido e uma mulher que se divorciam ou de um aprendiz que é formado por seu mestre. Aquelas relações são naturais, estas são de instituição humana. 3) O terceiro gênero de relação é de ações relativas a uma regra, e, na medida em que concordem ou não com essa regra, são ditas boas ou más. Tais são as ações do homem que se encontram sob o poder da sua vontade, chamadas ações morais. Esse é o gênero de relação mais importante, especialmente no que se refere ao desígnio da presente investigação. 4) Não está descartada a possibilidade de haver um quarto gênero de relação, denominada potencialidade, como, por exemplo, o fogo que derrete o ouro, o ouro que é derretido pelo fogo. Mas como esses poderes dizem respeito à produção, destruição ou alteração de ideias simples, pode-se concebê-los como parte das ideias complexas de substância, como já foi dito. As precedentes relações, para serem bem distinguidas, serão doravante denominadas: 1) proporcionais, pois as que estão fundadas em ideias simples particulares consistem em ter maior ou menor ou igual proporção da ideia simples com que são comparadas, como mais branco, mais comprido, mais sábio; 2) o primeiro gênero de relação de substâncias pode ser dita *natural*, por resultar naturalmente de alguma ação precedente, queira ou não quem a executa estabelecer essa relação: pais que têm filhos contra a vontade são pais, e não podem se eximir dessa relação; 3) o segundo gênero de relação entre substâncias pode ser denominada *instituída*, porque depende do prazer, do consentimento ou da constituição dos homens; 4) relações *morais*, de ações redutíveis a uma regra, ao que se pode acrescentar, caso se queira, 5) relações *potenciais*.

§ 20

Penso, portanto, que relação é o *acordo ou desacordo entre duas ou mais coisas, como quer que sejam comparadas*. Em toda relação, embora se utilize em geral apenas uma palavra para expressá-la, incluem-se as duas coisas que são comparadas entre si, bem como a ocasião ou o fundamento da comparação. Os principais fundamentos ou ocasiões para comparação são os listados anteriormente, a saber: 1) *Ideias simples*, a maioria das quais, por ser suscetível de mais ou menos, ou de graus, são comparáveis ou em si mesmas (consideradas simplesmente, ou como se diz, *in abstracto*) ou tornam apta a comparação de objetos [*subjects*] a que são inerentes ou nos quais existem, o que permite relacioná-los entre si. Por exemplo: o mel é mais doce do que o alcaçuz; o sol é mais brilhante do que a lua; lírios são brancos como a neve, a brancura dos lírios é igual à da neve; duas linhas são paralelas, progridem equidistantes; duas linhas são oblíquas, são extensões não equidistantes em cada uma de suas partes. Relativos assim comparados eu chamo de *proporcionais*.

§ 21

O fundamento do segundo gênero de relação são as *circunstâncias de origem ou nascimento*, que, por serem inalteráveis, tornam todas as relações que delas dependem tão duradouras quanto as substâncias a que pertencem. Por exemplo, inglês é quem nasceu dentro de certos limites territoriais, filho é quem nasceu de progenitores, primo é um descendente de segundo grau etc. // Essas relações eu chamo de *naturais*.

§ 22

O fundamento do terceiro gênero de relação é *um ato por meio do qual alguém adquire um direito, poder, vontade ou obrigação legal de fazer uma coisa qualquer*. Alguns exemplos: o imperador alemão é uma pessoa eleita e coroada para governar, de determinada maneira, o povo da Alemanha; o sacerdote romano é investido com o poder de decretar atos e de implementá-los em relação às igrejas papistas; governador é alguém nomeado, de acordo com certos critérios, para manter a paz; amigo é alguém que, por amar outra pessoa, quer o seu bem etc.; servo é alguém obrigado, por estatuto, a obedecer ao seu senhor; pintor é alguém que adquiriu, com o exercício, o poder ou destreza de produzir semelhanças de coisas. Ora, como tudo o que é desse gênero depende da vontade privada dos homens ou de seus pactos [*agreements*] em sociedade, chamo tais relações de *instituídas* ou *voluntárias*, e um exame mais profundo provavelmente mostraria que todas elas, de um jeito ou de outro, são alteráveis e dissociáveis das pessoas a que uma vez couberam, ainda que os termos mesmos da relação não sejam destruídos – mas digo isso apenas de passagem.

§ 23

O quarto gênero de relação está fundada *numa coleção de diversas ideias simples e de diversas relações dentre as supramencionadas, que, em conjunto, concorrem para configurar ou* circunstanciar *uma ação qualquer e, assim tomadas, são comparadas a uma regra*. Por exemplo: alguém que tem uma arma em mãos e puxa o gatilho pode estar cometendo um ato de rebelião, de parricídio, de assassinato ou homicídio, de dever ou justiça, de valor, de recreação; a configuração do ato depende da comparação das circunstâncias, reunidas em conjunto, a uma regra, embora a simples ação de segurar nas mãos uma arma e disparála seja sempre a mesma.

§ 24

Aplicando essas considerações ao nosso presente propósito, com o intuito de investigar que espécie de conhecimento temos de algo tão abrangente como uma relação, eu afirmo: 1) Toda relação remete às ideias simples antes mencionadas e em última instância se funda nelas, algumas mais imediatamente, como as do primeiro gênero, algumas mais remotamente, como as do segundo ou as do terceiro gênero, e especialmente as do quarto. Vale dizer que o nosso conhecimento dessas muitas relações tem a mesma origem que o conhecimento de outras coisas e consiste no diferente modo como consideramos as ideias simples. 2) Temos uma noção tão clara de relação quanto de ideias simples, acordo e desacordo consistem em distinguir ideias simples entre si ou seus respectivos graus, sem o que não teríamos nenhum conhecimento distinto. Se eu tenho uma ideia clara de doçura, luz ou extensão, tenho também do mais ou menos de cada uma dessas coisas. Se eu sei o que implica para um indivíduo ter nascido de Semprônia, sei igualmente o que implica para outro ter nascido da mesma progenitora, e tenho assim uma noção tão clara, senão mais clara, da relação entre irmãos quanto tenho da relação de descendência. Pois se acredito que Semprônia encontrou Tito num pé de repolho e assim se tornou sua mãe, e posteriormente encontrou Caio, da mesma maneira, num pé de repolho, tenho uma noção tão clara da relação entre irmãos como se eu fosse dotado de toda a habilidade de uma parteira, pois tenho a noção de que a mesma mulher contribuiu igualmente para o nascimento de ambos. A noção que tenho dessa relação independe de uma noção correta da maneira daquela contribuição; basta, para formulá-la, que cada um dos termos compartilhe da circunstância de nascimento, independentemente da noção que possa ter disso. Portanto, comparar dois indivíduos a partir de uma descendência comum, ignorando as circunstâncias particulares de seu nascimento, é o suficiente para que eu possa constatar se há ou não entre eles relação de irmãos. O fundamento da relação é a mesma participação da mesma mulher em ambos os nascimentos, como quer que ela participe (embora, de fato, nascer de uma mulher seja uma ação distinguível de outras por diferenças sensíveis, isto é, por uma coleção de ideias simples). 3) No que se refere a relações ditas morais, eu tenho delas uma noção verdadeira quando comparo a ação com a regra ou ideia que tenho em minha mente, seja essa regra verdadeira ou falsa. Se eu meço uma distância qualquer em jardas, sei que a coisa medida é mais comprida ou curta do que aquela suposta jarda, embora talvez a jarda pela qual eu a meça não seja exatamente a jarda padrão. Por mais que a regra seja errônea e eu me equivoque, o acordo ou desacordo entre ela e aquilo com que a comparo é evidentemente conhecido por mim, e nisso consiste o meu conhecimento da relação, por mais que, ao medi-la com uma regra errada, eu seja levado a dar a ela uma denominação errada e chame de justiça ou modéstia o que não tem direito a esse nome. Por haver tomado uma ideia errada de justiça ou de modéstia e ter comparado a ação a uma regra errada, equivoquei-me a respeito tanto da regra quanto do nome da ação, mas não a respeito da relação de acordo ou desacordo entre a regra e a ação. A origem de nossos equívocos está na // ideia errada que adotamos, e somos muito propensos a fazê-lo, sempre que somos negligentes na escolha de regras.

§ 25

Quanto às nossas ideias complexas de substância, como homem, cavalo, mula e outras, a ideia que temos desta ou daquela espécie consiste de um número de ideias simples que ocorrem sempre na espécie e que, se não forem suficiente e cuidadosamente coletadas, induzem-nos a moldar ideias erradas ou imperfeitas das coisas e, consequentemente, a chamá-las por nomes inapropriados. Para nos precaver contra esse equívoco, podemos contar com os nossos sentidos. Pois como os seres ou espécies substanciais que aqui menciono são coisas que realmente existem e se oferecem ao exame de nossos sentidos, podemos, empregando-os sobre os objetos, saber se nossas ideias são ou não conformes a eles. É o único jeito que temos de conhecê-los. Quanto às ideias de virtude e de vício, por serem de coisas que não existem em parte alguma a não ser em regras pelas quais examinamos e denominamos as nossas ações, não podemos adquirir uma noção delas a partir da informação imediata de nossos sentidos em contato com coisas realmente existentes e devemos, por isso, recorrer a um destes expedientes: 1) O consentimento comum do país e dos homens cuja língua utilizamos. Mesmo que não houvesse lei nem punição, humana ou divina, haveria necessariamente, nas sociedades humanas, noções de virtudes e de vícios, de justiça, temperança, fortidão etc., sem as quais as palavras que expressam coisas morais seriam, em todas as línguas, desprovidas de significado, puro jargão. Mas o conhecimento de virtudes e vícios particulares que poderia assim ser obtido se resume a consentir nas definições e significações de palavras de uma língua qualquer, tal como utilizada pelos que conhecem essa língua e sabem como aplicar tais definições e denominar corretamente ações particulares. Tal conhecimento resumir-se-ia, em suma, a falar com propriedade, sem outro aprimoramento além do conhecimento do que se quer dizer com tais palavras. A isso se resume a ciência da ética, tal como cultivada nas escolas. Esse gênero de conhecimento começa onde termina o nosso conhecimento de coisas realmente existentes. Neste, encontramos coisas fora de nós e examinamo-las o melhor que podemos com nossas faculdades, moldando ideias que denominamos, de tal modo que a medida e fundação do verdadeiro é a real existência desta ou daquela coisa. Naquele, ou no conhecimento que adquirimos por transmissão, primeiro moldam-se noções de virtudes e vícios e depois se examinam e denominam-se as ações, de modo que a medida do verdadeiro e do falso, e os parâmetros a partir dos quais devemos julgá-los, são as nossas ideias ou noções, diferentemente do conhecimento de coisas naturais, em que a medida é dada pelas coisas mesmas e pela real constituição do seu ser. Segue-se que o conhecimento dessa espécie de moralidade é mais fácil do que o conhecimento de coisas naturais, e é por culpa nossa que o discurso sobre a moral não é mais claro do que o discurso sobre a natureza. As noções a que os homens aplicam diferentes palavras foram criadas por eles e não dependem, em absoluto, de coisas exteriores, mais difíceis de conhecer. É muito mais fácil criar um molde que me pareça conveniente a uma ideia de justiça e chamar de justiça tudo o que se assemelhe a ele do que tomar como exemplo Aristides (que é o que é, independentemente da noção que eu tenha a seu respeito) e moldar uma ideia que, em todas as outras coisas, deve ser tal como ele. Para a primeira, não preciso senão conhecer os meus próprios pensamentos; para a segunda, devo investigar a natureza, a constituição e as ideias particulares de uma coisa que existe fora de mim. Em suma, podemos ter conhecimento certo de ideias morais, embora talvez, devido às diferentes ideias dos homens que utilizam uma mesma língua, a significação do nome varie na boca de cada um e seja duvidosa.

§ 26

2) Outro gênero de ideias ou regras morais de nossas ações, embora possa coincidir e concordar parcialmente com as anteriores, tem, no entanto, outra fundação, e adquirimos conhecimento dessas regras por uma via diferente, pois são noções ou padrões de nossas ações que não são feitos por nós, mas para nós, e dependem de algo que nos é exterior. Trata-se das regras prescritas pela vontade expressa ou pelas leis de outros que têm poder de punir nossos desvios. Tais são, propriamente dizendo, as verdadeiras regras do // bem e do mal, porque a conformidade ou discordância de nossas ações em relação a elas traz para nós o bem ou o mal e influencia a nossa vida, assim como as regras de consentimento influenciam as nossas palavras. Há uma diferença tão grande entre as duas quanto entre viver bem e alcançar a felicidade, de um lado, e falar corretamente e compreender as palavras, do outro. Mas só podemos chegar ao conhecimento certo das regras de nossas ações se reconhecermos um legislador com poder e vontade para recompensar e punir. Não mostrarei aqui como ele declara a sua vontade e a sua lei, suporei apenas a regra mesma e, deixando para um momento oportuno a discussão a respeito de deus, de lei natural e revelação, direi apenas que, uma vez conhecida a regra de nossas ações, ou a lei de nosso legislador,

a relação entre ela e nossas ações, isto é, o acordo ou desacordo entre a regra e o que fazemos é tão facilmente e tão claramente cognoscível quanto qualquer outra relação.

§ 27

Para retornarmos ao propósito desta investigação, ou seja, à consideração da extensão do entendimento humano e do que ele é capaz, penso, pelo que foi dito, que é evidente:

1) Que o entendimento é capaz de receber, reter e reviver em si mesmo certo número de ideias simples reunidas por experimentação e observação, seja de ações de nossa própria mente dentro de nós, quando pensa ou quer etc., seja de coisas fora de nós, operando sobre nós e aí causando diversas ideias por meio de nossos sentidos. Tais são todas as ideias que temos ou poderíamos ter, e que constituem a origem e fundação de todo o nosso pensamento, raciocínio e conhecimento.

2) Que a mente pode unir, combinar, alargar, comparar etc. essas ideias simples em conjunto e, a partir disso, criar novas ideias complexas ou recebê-las de coisas de fora, unidas e misturadas ou coexistentes. Inclui-se aqui toda a *materia substrata* ou tudo o que possa ser objeto de nosso conhecimento ou entendimento, cujo principal ofício consiste em conhecer a verdade ou falsidade, o que se encontra ou na reunião e separação, em nossa mente, das ideias simples ou complexas (proposições mentais), ou na afirmação ou negação (proposições verbais). Segue-se que, quanto a proposições:

Draft A do Ensaio sobre o entendimento humano

3) O entendimento sabe indubitavelmente que, quando pensa, raciocina ou imagina, ele é ou existe, ou seja, há algo que conhece e entende; esta é, segundo Descartes (e a meu ver, com razão), a proposição mais certa e indubitável que pode haver na mente do homem.

4) O entendimento sabe com certeza que as ideias que tem em si mesmo num momento qualquer existem dentro de si naquele momento, indubitavelmente.

5) O entendimento sabe infalivelmente que essas ideias existem fora de si mesmo, ou que as coisas que, afetando os sentidos, sempre produzem tais aparições de fato existem.

6) Muitas dessas ideias simples se encontram por vezes reunidas em conjunto, como, por exemplo, no leite encontram-se o branco, a liquidez e a doçura.

7) Duas ideias simples comparadas entre si têm, uma em comparação à outra, maior, menor ou igual proporção, em relação a uma ideia particular. Consiste nisso a demonstração matemática.

8) Duas coisas comparadas juntas em relação a uma ou mais ideias particulares concordam ou discordam entre si, o que as põe em relação.

// 9) Aplicando-se de maneira determinada uma coisa, em que se encontram tais ou tais ideias simples, a outra, em que se encontram tais ou tais ideias simples, constata-se que as ideias simples de uma ou de ambas são alteradas. Tal é o conhecimento que temos de causas e efeitos.[11] //

---

11 Abrimos aqui três parágrafos no texto de Locke, que no original é contínuo. (N. T.)

A partir disso, podemos estabelecer as seguintes regras do conhecimento humano:

1) *Podemos conhecer com certeza a existência de coisas particulares fora de nós, com as quais nossos sentidos têm ou tiveram contato, e nada mais, exceto pela existência de uma causa primeira.* Desse modo, tudo o que podemos conhecer com certeza a respeito de coisas existentes fora de nós são proposições particulares demonstradas por nossos sentidos, e tal é o melhor fundamento de ciência de que dispomos ou poderíamos dispor; tudo o que chega ao entendimento por essa via, nós aceitamos como conhecimento certo e demonstrado. Se eu vi água ontem, saberei para sempre e será para mim uma proposição inquestionavelmente verdadeira que existiu água no dia 10 de julho de 1671, assim como será igualmente verdadeiro e indubitável que certo número de cores muito sutis existiu no momento em que as vi na superfície de uma bolha de água. Mas, como tanto a água quanto a bolha não se encontram sob minha observação no momento em que escrevo estas linhas, não é certo para mim que a água exista e a bolhas e suas cores existam. Isso porque não // há conexão necessária entre a existência de uma coisa num momento e a sua existência no momento subsequente. É tão necessário que a água exista hoje porque existiu ontem quanto que bolhas e suas cores existam hoje porque existiram ontem, embora a existência da água seja a mais provável, dado que observo (juntamente com outros homens) que a água permanece e continua a existir, contrariamente às bolhas e suas cores.

2) *Temos um conhecimento certo infalível de proposições idênticas afirmativas, e de outras que dependem delas*, como, por exemplo, o que é, é.
3) *Temos um conhecimento certo infalível de proposições universais negativas, em que uma ideia é negada em outra; e também da proposição mais geral que nelas se funda*, a saber, é impossível que uma coisa exista e não exista. Considera-se essa solene proposição, ao lado da anteriormente citada, como o fundamento de toda demonstração, e presume-se que ela seria um princípio *inato* e evidente em si mesmo, estampado em nossa mente pela própria natureza, o grande padrão e medida do verdadeiro ou falso. Mas, ao que eu saiba, esses supostos princípios nunca foram examinados no fundamento de sua evidência e cogência. Farei isso agora, para mostrar em que medida eles influenciam e governam o nosso conhecimento (menos, receio eu, do que muitos imaginam).

A razão, ao que me parece, da evidência dessas proposições universais não é outra que o conhecimento claro e distinto que cada um tem de suas próprias ideias, conhecendo-as cada uma em si mesma com evidência e perfeição, e distinguindo-as de outras, de modo que não há, universalmente, nem ignorância a respeito de cada ideia, nem confusão entre elas; pelo contrário, quando qualquer uma delas está presente em seu entendimento, o homem sabe, com evidência e clareza, o que ela é e, se houver mais de uma, conhece-as com distinção e sem confusão. Ora, como isso sempre acontece assim, e a experiência e observação que cada um tem de sua mente nunca varia, e o homem jamais se equivoca a esse respeito, dúvida alguma poderá nos acometer se soubermos, em nossa mente, que uma ideia que está ali de fato está mesmo ali, e que a ideia é mesmo essa, e que uma ideia que não está ali de fato não está, e quando são duas ideias distintas elas não são uma e a mesma ideia. Por isso, afirmações e negações como essas são feitas sem qualquer sombra de dúvida ou hesitação e constituem o nosso conhecimento mais claro, uma demonstração interna e mental tão certa e evidente quanto se fosse externa, talvez ainda mais, pois em ambas o homem tem para si mesmo consciência de que vê com seus próprios olhos ou possui a ideia em seu entendimento. E se procedermos com regularidade, como sói, poderemos afixar constantemente nossas ideias a signos estáveis, a palavras de significação invariável, com o que as proposições universais serão infalivelmente verdadeiras na afirmação e na negação ou demonstração de nossas ideias ou de nossas palavras de significação estabelecida e definida umas em relação às outras. Mas não poderemos ir além. Pois é evidente que não podemos, por meio delas, provar a existência do que quer que seja e, quando as aplicamos ao conhecimento real de coisas fora de nós, procedemos sempre a partir da suposição da existência da coisa e apelamos aos nossos sentidos para termos certeza dessa existência. Somente então passamos não à demonstração da realidade da coisa, mas à conexão ou dependência entre nossas noções ou ideias de coisas entre elas, ou entre elas e outras ideias, ou ainda entre as palavras postas para significá-las. Por exemplo, que Descartes[12] molde em sua mente uma ideia de extensão para o que ele chama de corpo e constantemente chame-a de corpo é o suficiente para que ele não tenha dificul-

---

12 Descartes, *Princípios de filosofia*, II, 04, 09. (N. T.)

dade para demonstrar que não há *vácuo*, ou seja, *espaço* fora do corpo, por meio da proposição universal afirmativa *o que é, é*. Pois como a sua ideia de corpo é uma ideia de extensão e a sua ideia de espaço também é de extensão, o seu conhecimento de que não pode haver espaço fora do corpo é certo, ou seja, ele conhece clara e distintamente a sua própria ideia de extensão e sabe que ela é o que é, e não é outra ideia. Pouco importa que a mesma ideia seja chamada por três nomes diferentes (extensão, corpo, espaço), pois essas palavras, por representarem uma mesma ideia, podem ser tão bem distinguidas uma da outra quanto cada uma de si mesma, e é certo que, enquanto eu as utilizar para representar uma mesma ideia, a predicação é tão verdadeira e idêntica em sua significação // de que *espaço é corpo* quanto a predicação de que *corpo é corpo* é verdadeira e idêntica tanto em significação quanto em som. Supondo-se agora que alguém faça para si mesmo uma ideia diferente daquela que Descartes chama de corpo e queira expressar, com essa palavra, uma ideia que consiste de extensão e impenetrabilidade ou resistência reunidas, esse homem poderá demonstrar, com tanta facilidade quanto Descartes demonstrou o contrário, a possibilidade da existência do vácuo, ou de um espaço sem corpo, pois a sua ideia de espaço é uma ideia de mera extensão e a sua ideia de corpo é a ideia complexa de extensão reunida à de resistência. As duas ideias, assim denominadas, não são exatamente uma e a mesma; ao contrário, são, no entendimento, tão distintas entre si quanto ideias de um e dois, de preto e branco, de corpo e homem, e, por isso, a predicação de cada uma delas na mente ou nas palavras que as representam não é idêntica, enquanto que a negação de uma pela outra é tão certa e evidente quanto a proposição *é impossível que uma mesma coisa exista e não exista.* É certo, portanto, que estas duas proposições podem (como vedes) ser igualmente demonstradas – *o vácuo é possível, é impossível haver vácuo* – por estes dois princípios indubitáveis – *o que é, é e uma mesma coisa não pode existir e não existir* –, o que não significa que esses princípios ou modos de demonstração provem ou possam provar a existência de um corpo. Para tanto, dependemos de nossos sentidos, na medida em que mostrem algo a respeito. Esses princípios universais, ou, como se diz, autoevidentes, são meras coleções gerais, obtidas do conhecimento recorrente, claro e distinto de nossas próprias ideias, nas quais se funda a certeza desses princípios e a respeito das quais não podemos nos enganar, considerando-as cada uma por si mesma e como distinta de outras – isto é, desde que estejam em nossa mente, pois com frequência nos enganamos quando retemos nomes sem ideias. Esse modo de demonstração permite ainda desvendar a conexão ou desacordo entre palavras utilizadas constantemente para as mesmas ideias e assim distinguir uma palavra da outra, desde que elas representem ideias certas. O que ele não permite é obter, a título de prova, o conhecimento da natureza das coisas tais como são moldadas e existem fora de nós, não para além do que faculta a nossa experiência. A consequência dessas duas proposições ditas princípios é muito clara, e o seu uso não chega a ser perigoso ou nocivo, desde que sejam aplicadas para provar coisas que não precisam delas, pois são mais claras por si mesmas sem elas: os nomes, ideias e existência das ideias simples que, sendo tomadas distintamente da existência de coisas não compostas assim chegam à nossa mente, sem terem sido moldadas por nós, e nela se encontram tais como foram produzidas pelas coisas, em nosso entendimento, por meio de nossos sentidos;

são, por isso, inalteráveis, queiramos ou não, e recebem, em geral, nomes apropriados constantes, como *branco, amarelo, doce, extensão, pensamento* etc. Quando, porém, os princípios *o que é, é* e *é impossível que uma mesma coisa exista e não exista* são utilizados para provar proposições em que há palavras que representam ideias complexas como *homem, cavalo, ouro, virtude* etc., tornam-se muito perigosos, e não raro induzem os homens a aceitar e reter o falso a título de verdade manifesta e a tomar incerteza por demonstração, ao que se seguem o erro, a obstinação e demais estragos ocasionados pelo raciocínio equivocado. Se isso acontece, não é porque esses princípios sejam menos verdadeiros em proposições feitas de palavras que representam ideias complexas do que em proposições feitas de palavras que representam ideias simples. É que os homens se equivocam ao pensar que essas proposições versariam a realidade das coisas e não a mera significação das palavras, quando, na verdade, é a isso que se resumem, como fica claro na demonstração do vácuo antes mencionada, em que a palavra *corpo* representa ora uma ideia, ora outra. Sejamos ainda mais claros. Por exemplo, se *homem* é aquilo acerca de que queres demonstrar, com vossos princípios, alguma coisa, temos que toda demonstração apoiada neles é unicamente verbal e não propicia nenhuma proposição verdadeira ou conhecimento certo e universal de alguma criatura existente fora de nós. As ideias de uma criança que primeiro molda uma ideia de homem se encontram, provavelmente, // tais como no quadro de aparências visíveis desenhado pelos pintores, reunidas em conjunto, e tal reunião de ideias em seu entendimento perfaz a ideia complexa única chamada *homem*. Na Inglaterra, a ideia mais frequente desse objeto é de cor pálida ou branca, e uma criança inglesa poderia vos demonstrar que um negro não é um homem porque a cor branca é uma das ideias simples constituintes da ideia complexa a que chama homem, e o faria a partir do princípio *impossibile est idem esse et non esse* [é impossível que uma mesma coisa exista e não exista], pois o fundamento da certeza não é a proposição universal, de que ela nunca ouviu falar e que jamais passou pela sua cabeça, mas a clara e distinta percepção que tem de suas próprias ideias simples de preto e de branco, tão clara que jamais se deixaria persuadir a tomar uma pela outra e tampouco poderia confundi-las. Para essa criança, ou para alguém que tivesse uma ideia similar denominada *homem*, seria impossível aceitar a demonstração de que o homem tem uma alma se a sua ideia de homem não incluísse tal noção ou ideia. Para ela, portanto, o princípio de que *o que é, é* nada prova a respeito, pois depende da observação e coleta por meio da qual se criou a ideia que se chamará *homem*. Alguém que se aprimorasse na coleta e no molde das ideias de *homem* e acrescentasse riso e linguagem coerente ou raciocínio a aparência externa poderia realizar uma demonstração diferente e provar que uma criatura bípede muda não é humana: como o discurso é parte constituinte da ideia que tem daquilo que chama de *homem*, ali onde esta falta não há *homem*, porque a existência e não existência da ideia de som são evidentes para seu entendimento e, portanto, é impossível... etc. Outro, que tivesse a mesma ideia de homem, mas não incluísse a fala, poderia demonstrar que crianças, mudos e loucos não são homens. Eu mesmo conversei com pessoas perfeitamente racionais que não afirmavam outra coisa. Ora, se o que estivesse em questão fosse algo mais que meras palavras ou nomes de coisas, seria tão difícil determinar a diferença precisa entre um homem e uma fera em nossa concepção quanto em nossa maneira ordinária de falar. Mas como se trata apenas, afinal, de saber qual coleção precisa deve ser chamada de homem e qual de fera, a questão não chega a ser relevante para nós. Alguém poderia ainda criar uma ideia complexa chamada de *homem* a partir de ideias de corpo em geral e dos poderes de linguagem e razão, excluindo inteiramente o aspecto, e demonstrar que um homem pode ser quadrúpede ou desprovido de mãos, pois nada disso está incluído em sua ideia e, em qualquer corpo ou aspecto que encontrasse discurso e razão conjugados, pronunciaria que se trata de um homem. O conhecimento claro de tais ideias não deixa dúvida de que *o que é, é*. O risco, portanto, de iludirmos a nós mesmos e aos outros no uso desses princípios para provar proposições feitas de palavras que representam ideias complexas, e a razão de nos equivocarmos aqui mais do que em ideias simples, é que as ideias simples, por serem produzidas por objetos externos, se encontram em nossa mente tal como foram sugeridas pelos objetos e não podem ser alteradas; é o caso de ideias como leve, amargo, fome, vermelho, frio etc. Mas como as ideias complexas de substâncias e de modos e relações são compostas, como mostrei anteriormente, de um grande número de ideias simples em proporções diversas, combinadas e reunidas de certa maneira, podemos coletar um número determinado dessas ideias simples reunidas e dar a essa ideia precisa assim coletada um nome que em nosso entender pertenceria à espécie como um todo e que, de direito, pertenceria à ideia em nossa mente. Essa ideia conteria, presume-se, a essência ou formalidade de algo que existe fora de nós e, de fato, é obtida, mais ou menos acuradamente, a partir da cuidadosa observação de muitas coisas particulares existentes fora de nós, podendo concordar mais ou menos com tais coisas. Isso não é suficiente, porém, para nos assegurar que essa ideia seja a essência de numerosas coisas exteriores, pois disso não temos conhecimento pelos nossos sentidos. Por mais que eu observe repetidas vezes um conjunto particular de ideias simples constantemente reunidas num grande número de objetos sensíveis que classifico sob um gênero [*kind*] ou espécie, não posso ter certeza (apesar de toda probabilidade), a não ser por meio de meus sentidos, de que o mesmo número de ideias simples encontrar-se-ia da mesma maneira unido em outros objetos [*subjects*] que eu não vi // e aos quais não apliquei os meus sentidos. Portanto, uma conexão de ideias simples, por ordinária que seja, não é, por natureza, necessária. E como não é contraditório que se passe de outra maneira, segue-se que todas as proposições universais certas são meramente verbais, são palavras aplicadas a ideias, não são instrutivas, e, vice-versa, todas as proposições universais instrutivas (que nos informam de qualquer coisa a respeito da natureza, das qualidades ou das operações de coisas existentes fora de nós) são incertas, e não podemos saber ao certo se são verdadeiras. Isso é evidente.[13]

É verdade que demonstrações não são provas, não são suscetíveis de prova e não podem ser produzidas por argumento e prova, não importa o que se pense; pelo contrário, como sugere a palavra, consistem na mera exibição das coisas, propõem-nas aos sentidos ou ao entendimento para que delas se tome notícia, como é evidente em demonstrações matemáticas, que

---

13 *Memorandum*. O que escrevi nos capítulos 27, 28, 29, 30 e 31 deve ser tratado pelo método que apliquei nas páginas precedentes, 81, 82, 83, e deve ser inserido, na medida do possível, nos lugares respectivos. (N. A.)

utilizam uma extensão, tomada como padrão, e, aplicando-a a outras, e talvez estas, uma vez medidas, novamente a outras, mostram se uma é maior ou menor que a outra ou se são iguais entre si. Quem transcreve diferentes notas sonoras numa partitura pode realizar uma demonstração de sons tão evidente quanto quem recorre a diagramas para realizar demonstrações geométricas. As linhas deste são tão verdadeiras quanto as notações daquele, mas, como a mente consegue observar diferenças de grau ou de mais e menos em cada uma delas e consegue anotá-las com as ideias claras e distintas de números, a demonstração aparece na mente como tão evidente quanto que a soma de um e um produz dois, por mais que sua prova se restrinja a conjugar duas coisas e observá-las. Probabilidades ou proposições prováveis concernem provas e podem ser provadas, ao passo que o conhecimento certo ou demonstração se mostra a si mesmo claramente e é percebido graças às coisas mesmas, ou quando se exibem aos nossos sentidos ou pela reunião de suas ideias claras e distintas no entendimento, como se estivessem diante de nossa visão. *Conhecemos com certeza a verdade de qualquer proposição que dependa da natureza mesma das ideias que temos*; mas isso difere pouco das duas proposições anteriores e não prova existência. //

73 Até esse ponto, ao que me parece, alcança o nosso entendimento na aquisição de conhecimento certo e infalível. Não nego que tenhamos conhecimento certo da conexão e das consequências das palavras, e que, desde que afixemos a elas uma significação constante e definida, estabelecida por escolha ou por consenso, a qual será em algumas palavras mais abrangente ou ampla do que em outras, em algumas palavras será coincidente e em outras será parcialmente a mesma, pode-

mos, com grande certeza, reuni-las em proposições negativas ou afirmativas, na medida em que isso for autorizado por suas definições, e, com a mesma certeza, deduzi-las umas das outras, sem qualquer conhecimento de coisas existentes fora de nós, realizando demonstrações e criando com palavras proposições certas indubitáveis. Mas nem por isso nos aproximarmos do conhecimento da verdade das coisas. Por exemplo, se eu afixar significação certa às palavras *anima forma, entelekeia, homo, ratio, animal, substantia*, poderei criar proposições indubitáveis // e mesmo demonstrações a respeito da alma, por mais que não tenha conhecimento do que a alma realmente é. Há incontáveis proposições, raciocínios e conclusões desse gênero em livros de metafísica, escolástica, divindade e mesmo de filosofia natural, que nada informam a respeito de deus, espíritos ou corpo. Quem é livre para definir as suas próprias palavras, como certamente é quem faz que elas representem as suas próprias ideias, e quem cria a significação delas sem tomá-la da observação das coisas, não terá muito trabalho para distingui-las umas das outras, e por mais que, tomadas em sua própria natureza, as coisas concordem ou discordem entre si, não precisará cuidar senão de suas próprias noções, acompanhadas dos nomes que consignou a elas. Mas com isso não contribui minimamente para incrementar o seu conhecimento, não mais do que incrementaria suas riquezas aquele que, de posse de um saco de fichas, chamasse uma que está posta num certo lugar de libra, outra que está em outro lugar de xelim, outra em um terceiro lugar de pêni, e assim procedendo, contando-as corretamente, reunisse uma soma considerável, de acordo com as fichas diversamente posicionadas que representam mais ou menos a seu bel-prazer, sem que, no entanto, se tornasse um vintém mais rico, e sem saber o quanto vale uma libra ou um xelim ou um pêni, mas apenas que a primeira contém vinte partes do segundo e o terceiro é a 12ª parte do segundo. Pode-se fazer o mesmo com a significação das palavras, tornando uma com relação à outra mais ou menos abrangente; com a diferença de que há, em relação a boa parte das palavras usadas em discussões, controvérsias e provas, outra imperfeição que nos afasta ainda mais da desejável certeza de conhecimento, pois a maioria dos autores, longe de nos instruir quanto à natureza e ao conhecimento das coisas, utiliza as palavras de maneira frouxa e incerta em vez de utilizá-las com constância e estabilidade, sempre com a mesma significação, de modo a tornar claras e plenas as deduções de uma palavra a partir de outra e a tornar coerente e claro o seu próprio discurso (por menos instrutivo que seja), o que poderiam perfeitamente fazer, se não lhes fosse conveniente escamotear a ignorância ou obstinação por trás da obscuridade ou complicação dos termos, prática para a qual a inadvertência e os maus hábitos certamente contribuem muito.

84 // Palavras gerais específicas são ótimas para quem sabe utilizá--las; facultam aos homens a compreensão de suas respectivas concepções, sentidos e vontades, e facilitam a condução da vida comum, ainda que não produzam conhecimento infalível das coisas nem sirvam para realizar demonstrações da existência
74 de seres reais *in rerum natura*. //

§ 28

Igualmente irrelevante é a solene e majestosa proposição alegada por alguns como a pedra de toque da ciência e da demonstração e que, por ser dotada de evidência própria, é conhecida como certa pelo entendimento: refiro-me a *o que é, é*, ou *impossibile est idem esse et non esse*. Não se pode dizer que ela contribua muito para o conhecimento, pois tudo o que nos ensina (quando apenas remete nossos pensamentos a meras palavras, como com maior frequência ocorre; mas como essa proposição chega a influenciar a demonstração da verdade das coisas, e qual a explicação para isso – algo de que talvez ninguém tenha ainda tratado – é o que se mostrará no § 30) se resume ao seguinte: a mesma palavra pode, com grande certeza, ser afirmada a respeito de si mesma, sem que se possa duvidar da proposição assim criada e, acrescento, sem que se conheça nada a respeito de qualquer coisa que seja. Mesmo alguém muito ou inteiramente ignorante, se pudesse criar uma proposição como essa, faria um milhão de outras, de cuja verdade teria certeza absoluta, ainda que não conhecesse uma única coisa existente no mundo. Por exemplo, *uma alma é uma alma*, *um espírito é um espírito*, **um amuleto é um amuleto** etc.; proposições como essas equivalem à proposição primeira *o que é, é*, ou seja, *o que existe, existe, quem tem uma alma tem uma alma*. Isso parece mais um mero jogo de palavras, ou lembra um macaco que brinca com uma concha trocando-a de uma mão para outra: se tivesse palavras, sem dúvida ele diria *concha na mão direita é sujeito, concha na mão esquerda é predicado*, e faria assim uma proposição autoevidente a respeito de concha, a saber, *uma concha é uma concha*. Mas essa maneira de lidar com o assunto não saciaria a sua fome nem o tornaria mais sábio, ele aumentaria tanto de volume quanto de conhecimento. Quanto à proposição *impossibile est idem esse et non esse*, basta examiná-la para ver que ela tem a mesma força que a outra.

§ 29

Há outras proposições, que embora muito certas e evidentes para o entendimento, pouco ou nada ensinam. É o caso de todas aquelas em que o predicado e o sujeito estão contidos um na definição do outro, que se resumem ao conhecimento de quais palavras podem ou não ser universalmente afirmadas a respeito // de outras. Com efeito, todas as proposições universais ou são certas, logo puramente verbais, e não instruem, ou instruem, mas são incertas. Por exemplo, a proposição *todo homem é um animal ou corpus vivens* é certa, mas conduz tanto ao conhecimento das coisas quanto a proposição *um palafrém é cavalo furta-passo*, ou um animal relinchante de furta-passo, pois ambas versam sobre a significação de palavras e dão a conhecer apenas o seguinte: corpo, sentido e movimento ou poder de sensação e de movimento são três das ideias simples que eu sempre abranjo e significo com a palavra homem, e onde elas não se encontrem juntas o nome *homem* não cabe a essa coisa; corpo, sentido e movimento e certo jeito de se deslocar são quatro das ideias simples que eu sempre abranjo e significo com a palavra *palafrém* e onde elas não se encontrem juntas o nome não pertence a essa coisa. Pode-se fazer o mesmo, com igual proveito, em relação a todas as palavras que signifiquem qualquer uma das ideias simples que juntas perfazem a ideia complexa denominada homem. Suponhamos, a título de exemplo, que um romano significasse pela palavra *homo* todas estas ideias distintas: *corporietas, sensibilitas, potentia se movendi, rationalitas, risibilitas* e talvez outras mais. Ele poderia, sem dúvida, com grande certeza, afirmar universalmente uma, muitas ou todas essas ideias a respeito de *homo*, mas com isso diria apenas que a palavra abrange, em seu país, em significação própria, as ideias referidas. Do mesmo modo, um cavaleiro romântico que, pela palavra palafrém, significasse as ideias de corpo, quatro patas, sentido, movimento, furta-passo, branco, relinchante e uma mulher montada em seu dorso poderia, com a mesma certeza, afirmar universalmente qualquer uma ou todas essas ideias a respeito da palavra palafrém, mas, com isso, ensinaria apenas que o termo palafrém representa todas essas ideias e não deve ser aplicado a algo em que uma delas não se encontre. Caso se afirme que uma coisa qualquer em que estejam reunidas as ideias de corpo, sentido, movimento, razão e riso tem uma noção de deus, quando uma noção como essa não está incluída na definição da palavra *homo* ou na ideia que ela expressa, tem-se uma proposição instrutiva, mas de modo algum certa, pois essa criatura deve ser conhecida e reconstituída pela história e investigação de particulares, que é a fundação do conhecimento das coisas, não por definições, que só concernem palavras gerais e as ideias de cada um, representadas por elas. O mesmo vale para o palafrém: não se pode afirmar que todo palafrém, ou seja, um cavalo romântico furta-passo que carrega damas, se abaixa para que as damas possam montá-lo se esse abaixar não for uma propriedade essencial ou parte da definição desse animal.

§ 30

Portanto, todas as nossas ideias, sejam simples ou complexas (todos os objetos do nosso conhecimento), e todas as proposições que o entendimento humano conhece ou pode conhecer ao certo estão incluídas, suponho, nos nove itens mencionados no § 27, e o nosso conhecimento certo se resume a particulares (a não ser que se considerem as demonstrações matemáticas como universais, o que não discutirei aqui; o certo é que todo o resto é particular), e isso não responde senão por uma ínfima parcela de tudo aquilo em que empregamos nosso raciocínio, discurso e nossos pensamentos. Penso poder concluir que se as proposições matemáticas universais são verdadeiras e instrutivas é porque nelas as ideias de coisas estão em nossa mente tais como se encontram fora dela.

Não somos capazes de conhecimento certo das coisas fora de nós exceto pelos particulares de que os sentidos nos oferecem testemunho, excetuando-se proposições em que a existência das coisas com certeza corresponde a nossas ideias, como em números ou em coisas medidas por eles, o que nada mais é, com efeito, do que saber que dois é mais do que um (ver § 12 e, sobre causas, § 16), conhecimento que se pode deduzir das próprias ideias ou noções que temos de números e que são sugeridas por todas as vias de conhecimento, internas ou externas. Esse conhecimento se resume a isto, a ideia de um não é a ideia de dois, ou um não é dois (vale dizer, a ideia de branco não é a ideia de preto, ou branco não é preto), ou um e um, ou dois, é mais do que um, e isso vale para todas as coisas a que seja aplicado. Portanto, qualquer proposição universal afirmativa // que conheçamos como certamente verdadeira é apenas uma predicação idêntica, em que a mesma ideia simples é predicada ou afirmada a respeito de si mesma, como branco é branco, ou em que uma ideia simples é predicado de uma complexa como parte essencial dela, como o homem é vivente, algo que, como eu disse, está mais para definição de palavras do que para conhecimento das coisas, embora se refira à verdade de proposições. Qualquer *proposição universal negativa* que conheçamos como certamente verdadeira é apenas a negação de que uma ideia simples é outra. Essa certeza se deve ao conhecimento evidente, claro e distinto que o nosso entendimento tem de *ideias simples* recebidas da operação de nossa própria mente ou dos sentidos externos. Assim sendo, a percepção e o conhecimento das ideias que nela se encontram não poderiam estar errados, por mais que os sentidos que introduzem ideias as transmitam variadamente a partir do mesmo objeto em diferentes momentos e pareçam errar. Um homem febril sente no açúcar um gosto amargo, e não, como em outros momentos, doce, mas a ideia do amargo em seu entendimento permanece tão clara e tão distinta daquela de doce como se ele tivesse provado açúcar e depois fel. Portanto, mesmo que o entendimento deixe escapar algumas ideias, as ideias simples retidas não poderiam ser motivo de confusão ou equívoco, e tampouco poderiam ser tomadas umas pelas outras. Ora, nenhuma ideia de número poderá escapar ao entendimento enquanto ele retiver uma ideia qualquer. Pois cada sentido, faculdade e operação constantemente a sugere e a renova, o que explica porque tal ideia é a mais consolidada de todas – o que talvez tenha levado alguns a pensar que ela seria inata ou congênita, impressão nativa na alma. Não vejo razão para que se pense assim. Retornemos ao nosso assunto.

§ 31

Para o bom andamento desta investigação sobre a certeza do conhecimento humano e a capacidade de nosso entendimento, julgo conveniente enunciar as seguintes regras, que me pareceram, após alguma consideração, melhores e mais claras do que as precedentes:

1) *Podemos ter um conhecimento certo infalível de proposições universais afirmativas idênticas* (em que ideias são afirmadas a respeito de si mesmas) *e de todas as proposições que delas dependam*, pois não podemos senão conhecer com clareza toda ideia simples que se encontra em nosso entendimento.
2) *Podemos ter um conhecimento certo infalível de proposições universais negativas em que uma ideia simples é negada de outra, e de todas as proposições subsequentes que delas se seguem.* A razão disso é que inevitavelmente conhecemos com distinção ideias diferentes que se encontram em nossa mente e não podemos nos enganar a respeito. Ideias como as de preto, branco e amarelo são percebidas com tanta distinção em nossa mente quanto em nossa visão, e as noções de um e dois, por serem tão claras e distintas e evidentes em nosso entendimento quanto em nosso tato ou em nossos olhos, são tão suscetíveis de certeza e demonstração, no que tange à sua percepção e distinção, tanto em cada uma delas quanto umas em relação às outras, como se fossem coisas que pudéssemos ver ou tocar. // Se eu visse, sobre esta folha de papel em que ora escrevo, uma moeda de ouro e tivesse percepção de uma coisa amarela, nada poderia me persuadir de que essa sensação de uma coisa seria a sensação de duas coisas; igualmente, se eu colocasse uma cereja ao lado da moeda, teria a visão e a sensação de duas coisas, e nada poderia me persuadir de que essas duas coisas seriam uma mesma ou que duas sensações seriam uma sensação, ou que o amarelo diante de mim não seria distinto do vermelho diante de mim. Isso é o máximo de certeza e demonstração de que uma criatura é capaz, e podemos ter certeza de que o que

vemos é o que vemos e o que percebemos é o que percebemos, por mais que os sentidos nos enganem a respeito do objeto ou nos informem acerca dele de modo diferente do que o fazem para outros homens ou outros animais. Do mesmo modo, quando temos em nosso entendimento a ideia de um e a ideia de dois ou a ideia de amarelo e a ideia de vermelho, não podemos senão saber com certeza que a ideia de um é ideia de um e não de dois, que a ideia de vermelho é ideia de vermelho e não de amarelo, mesmo que os sentidos não estejam mais em contato com os objetos que sugeriram ou ofereceram essas ideias ou que estas tenham sido introduzidas na mente a partir de objetos diferentes daqueles em que outros homens as encontraram. Por essa razão, as coisas que conhecemos são por nós conhecidas não somente com certeza como também com necessidade, isto é, não podemos senão conhecê-las. Quem abrir os olhos à luz do dia não poderá deixar de ver luz e cores com distinção; quem tiver fel ou artemísia na boca não poderá escolher se sentirá ou não um gosto amargo. Analogamente, um homem não poderia jamais forjar em seu entendimento uma nova ideia simples que não tenha sido introduzida por seus sentidos, assim como não poderia ignorar ou confundir ou se enganar a respeito das que ali se encontram, por mais que se equivoque ao nomeá-las para outros. Mas, apesar da certeza e da necessidade do conhecimento, na medida em que o temos, resta saber – o que mostrarei no devido momento – em que medida é voluntária ou necessária a crença ou assentimento a proposições que não podemos conhecer e nas quais, portanto, só nos resta crer. Observo por ora que, por mais certo que seja o conhecimento das duas proposições universais mencionadas no início deste capítulo, e por maior que seja a sua influência sobre todas as demonstrações, elas provam apenas suposições feitas em minha própria mente, não a realidade de coisas existentes fora de mim e cuja verdade eu só poderia conhecer por meio de meus sentidos. Embora eu saiba, em virtude da reconhecida verdade de tais proposições, que uma andorinha é uma andorinha e uma fênix é uma fênix, que a mesma andorinha que agora sobrevoa a Inglaterra não está sobrevoando a França, e que a fênix que agora sobrevoa a Arábia não está sobrevoando a Itália, apesar da infalível certeza da verdade de cada uma dessas proposições, o meu raciocínio se funda numa mera suposição, numa ideia que se encontra em meu próprio entendimento: a existência de uma fênix ou de uma andorinha ou o que elas são, ou a sua presença na Arábia e na Inglaterra, não passará de uma fantasia, suposição ou imaginação, antes que meus sentidos tenham me assegurado de sua realidade. //

3) *Só podemos ter conhecimento certo de existência, união, eficácia ou concomitância de quaisquer ideias simples externas pelo testemunho de nossos sentidos em contato com esses particulares;* // isso quer dizer que somente podemos conhecer a existência, as afecções ou operações de uma coisa qualquer, pelos sentidos, quando estes transmitem à mente noções e sensações dessas coisas particulares. //

Em primeiro lugar, quanto à existência, não saberemos se há um som, um odor doce ou um círculo existindo em alguma parte se não pudermos ouvir o som, cheirar o odor, ver o círculo. Em segundo lugar, quanto à união, não sabemos se ideias simples ontem experimentadas no ouro, na pedra-ímã, na cereja, no gelo, no cavalo etc. se encontram hoje reunidas e coexistindo num mesmo objeto. Em terceiro lugar, quanto à eficácia, não sabemos se o fogo, ou certa coleção de ideias simples, irá hoje alterar desta ou daquela maneira as ideias simples que reunidas chamamos de ovo, tal como o vi fazer ontem. Em quarto lugar, quanto à concomitância, não sabemos se quando o sol, ou determinada coleção de ideias simples, estiver em certa posição em relação à Terra, as águas do Nilo irão transbordar.

Portanto, em se tratando de tais coisas, não se deve esperar por conhecimento certo de proposições universais, pois estas, embora possam ser verdadeiras, não são demonstráveis para nós, e numa matéria como essa somos incapazes de segurança ou certeza // para além da que nos propiciam os sentidos quanto a este ou aquele particular. Em relação a tudo o que possa existir fora de nós, o entendimento está restrito, na investigação da existência, natureza e operações dessas coisas, a suposição, crença [belief], conjectura e presunção. Por isso, todas as proposições a respeito (exceto por proposições particulares dadas a conhecer pelos sentidos) são meramente prováveis, nunca evidentes, não são demonstrações, e nosso assentimento a elas é fé [faith], não conhecimento.

§ 32

Embora a maioria das proposições em que pensamos e sobre as quais raciocinamos, argumentamos e falamos, e com base nas quais agimos, não sejam evidentes e certas, e não possamos ter conhecimento indubitável da sua verdade, algumas estão tão próximas da certeza que não duvidamos de sua verdade e assentimos a elas com tanta firmeza, e agimos de acordo com esse assentimento tão vigorosamente, como se estivessem infalivelmente demonstradas ou fossem dotadas da maior evidência, como se o nosso conhecimento delas fosse perfeito e certo. Há diferentes graus de *probabilidade*, do mais próximo à certeza e evidência ao inverossímil e improvável até a beira do impossível, e há diferentes graus de assentimento, do conhecimento certo ou quase certo, da plena garantia e segurança até conjectura, dúvida, desconfiança e descrença. Após ter encontrado (ou assim me parece) os limites do conhecimento humano, dedicar-me-ei agora a considerar os diversos graus e fundamentos de *probabilidade* e *assentimento*, ou *crença*. //

§ 33

Probabilidade é verdade plausível. A própria grafia da palavra significa isso, e autoriza a definição *probabile est quod probari potest*, "provável é o que pode ser provado", isto é, uma proposição para a qual há argumentos ou provas suficientes para que passe por verdadeira ou seja aceita como tal. Tanto é assim que crer, assentir ou acatar uma opinião é admitir ou aceitar como verdadeira uma proposição qualquer com base em argumentos ou provas que se constatem persuasivos. Reside nisso a diferença entre *probabilidade* e *certeza*, entre *crença* e *conhecimento*; o que me permite conhecer algo é a coisa mesma que conheço imediatamente, o que me leva a crer é algo alheio à coisa em que creio. Há ainda, entre *crença* e *conhecimento*, esta outra diferença: para haver crença é preciso haver palavras ou signos equivalentes a elas, com os quais se propõe a verdade em que se deve acreditar, e para haver *conhecimento* não há necessidade de palavras, é preciso apenas que se proponha a coisa mesma. Por essa razão, conhecimento e crença são atos opostos. Na crença, primeiro ouvimos as palavras e depois examinamos o que elas dizem e a verdade que contêm; no conhecimento primeiro recebemos as impressões e sensações da coisa, a alteração em nosso entendimento é feita pela realidade do que conhecemos e apenas depois, eventualmente, acrescentamos palavras. Como a probabilidade depende, portanto, de algo alheio àquilo em que cremos, as bases ou fundamentos de toda probabilidade resumem-se a *concordância com a nossa própria experiência* e a *declaração de testemunhas asseverando sua própria experiência*. E como o nosso conhecimento nada mais é que a nossa própria experiência, o fundamento de todas as nossas crenças se encontra, em última instância, enraizado na experiência. De modo que o mais claro, melhor e mais certo conhecimento que o homem pode ter de coisas exteriores é a experiência, ou a aplicação e observação de seus sentidos em contato com objetos particulares. Conhecimento e crença remetem ambos, em última instância, de um modo ou outro, à experiência, de cada um ou alheia. // Ora, o testemunho alheio acerca de sua própria experiência, observação ou conhecimento de questão de fato (*matter of fact*) pode ser de dois tipos: 1) os homens ou têm garantia, pela experiência, de que observaram casos semelhantes entre si, ou uma proposição geral se mostrou verdadeira em todos os testes e experimentos a que foi submetida, por exemplo, *o ferro afunda na água*; 2) a experiência confirma uma proposição particular em que se crê, ou então há testemunho da questão de fato em exame, por exemplo, *uma machadinha pode afundar ou boiar na água*. O testemunho de um historiador de que César teria pronunciado um discurso antes da batalha de Munda (45 a.C.) é uma base de probabilidade para que se creia que isso de fato ocorreu. O testemunho de todos os historiadores que mencionam o costume dos generais romanos de pronunciar discursos antes de batalhas é outra base para que se creia na probabilidade de que César o teria feito nessa ocasião. //

§ 34

O principal e mais alto grau de probabilidade se verifica quando o consentimento geral dos homens em todas as épocas, na medida em que possa ser conhecido, coincide com a constante e infalível experiência em todos os casos semelhantes para confirmar a verdade de uma proposição particular qualquer. É o caso da constituição e das propriedades das coisas naturais e dos procedimentos regulares de causa e efeito no curso ordinário da natureza. Por exemplo, que se pode ver o sol na Espanha, que o fogo transforma a madeira em cinzas, que uma bala de aço afunda na água etc.; essas e outras proposições particulares de mesmo tipo, por concordarem com a nossa própria experiência constante toda vez que lidamos com tais coisas, e também com a dos outros, a nos fiarmos pelo que dizem, não são, por isso, contestadas por ninguém, e não há dúvida de que só pode ser verdadeira uma relação que afirme que tais coisas aconteceram ou que prediga que acontecerão. Uma probabilidade como essa está tão próxima de conhecimento certo que pode ser considerada *pene scientiae*, "muito próxima do conhecimento", e governa os nossos pensamentos de modo absoluto, influenciando todas as nossas ações plenamente, como se fosse a mais evidente demonstração. Mal diferenciamos essa probabilidade do conhecimento certo e a nossa *crença*, assim fundamentada, se eleva à condição de garantia.

§ 35

O próximo grau de probabilidade se verifica quando constato, por experiência própria e pela confirmação de outros, que uma coisa qualquer é em geral, e no mais das vezes, tal como se encontra, e quando a instância particular em que a observo é confirmada por muitas e indubitáveis testemunhas. Por exemplo, todas as épocas testemunham, e posso confirmá-lo por minha própria observação, por limitada que seja, que a maioria dos homens busca o bem privado ao invés do bem público. Se todos os historiadores dizem que *Tibério* agiu dessa maneira,[14] é extremamente provável // que tenha mesmo agido assim. Nesse caso, nossa crença ou assentimento chega ao grau a que chamamos confiança.

§ 36

Com relação a uma questão de fato qualquer acerca do qual minha observação e a dos outros constata que em geral ocorre indiferentemente de um modo ou de outro, e muitas testemunhas afirmam sê-lo, a maior ou menor probabilidade

---

14 Ver Tácito, *Anais*, I – XVI; e Suetônio, *Vidas dos Césares*, "Tibério". [N. T.]

do fato depende da quantidade, do crédito ou da condição das testemunhas que o atestam; a coisa em si mesma não inclina para um lado ou outro. Dependendo das circunstâncias referentes aos que relatam o fato, nossa crença ou assentimento será mais ou menos firme, e quanto mais inusitada eu constate ser a coisa em questão, tão menor será a sua probabilidade e mais ela precisará, em consequência, da justa confirmação de testemunhas, em cada uma das circunstâncias em que se verifique. De modo que a probabilidade aumenta ou diminui conforme as operações de causas ou da existência das coisas sejam mais ou menos usuais, e depende das circunstâncias em que se encontram os que as relatam e da contrariedade de testemunhos favoráveis ou contrários. Tudo isso é variável, e é impossível, em casos dessa natureza, encontrar regras precisas ou graus fixos. Somente após o devido exame de argumentos e circunstâncias favoráveis e contrários, e após cuidadosa estipulação do peso de cada circunstância particular, é que se torna aparente a preponderância de um dos lados, e a mente pode se decidir entre conjectura, palpite, dúvida, cautelosa desconfiança ou incredulidade.

§ 37

O último grau de probabilidade se verifica quando a questão de fato, embora contrário ao curso ordinário das coisas, segundo a minha observação e a dos homens em geral, é recomendado à minha crença pela declaração de testemunhas particulares. A probabilidade de uma questão como essa depende inteiramente da veracidade das testemunhas ou da utilidade de certos eventos inusitados para a obtenção de um fim, almejado por quem tem o poder de produzi-los. Tudo isso deve ser devidamente pesado, antes que a coisa seja julgada provável ou aceita como verdadeira. Tal é o caso dos milagres, que examinaremos mais à frente.

§ 38

Todas as probabilidades anteriormente mencionadas concernem questão de fato, suscetíveis de observação e testemunho. Resta ainda outro gênero de proposição, chamado de opinião, que, por concernir questões que estão fora do alcance de nossos sentidos, não é passível de observação, nem, consequentemente, de testemunho e, portanto, não pode ser provado imediatamente por um desses meios, mas, mesmo assim, se mostra altamente provável, por depender ou por ser consequência clara e natural de outras proposições estabelecidas em nossa mente pelos dois únicos fundamentos de probabilidade, *experiência* e *testemunho*, isto é, a observação sensível de cada um e o relato de outros sobre a própria experiência. Tais opiniões são de dois gêneros:

1) Sobre a existência, essência, natureza e operações de seres imateriais, como deus, anjos etc.
2) Sobre a existência, as modificações e a maneira de operação de coisas materiais imperceptíveis, como estrelas fora do alcance de nossa vista, espécies particulares de seres na lua e em outros planetas, espíritos naturais em animais ou ainda os eflúvios de um ímã pelos quais ela atrai o ferro e a maneira de sua operação. Tudo isso, por não se oferecer ao escrutínio dos sentidos humanos, não pode ser examinado ou certificado por nossos sentidos

ou por quem quer que os utilize e, portanto, só pode ser mais ou menos provável na medida em que concorde com proposições evidentes para o nosso entendimento, confirmadas em nossa mente por provas sensíveis, tais como aquelas a que me referi, ou na medida em que tenham uma analogia direta com nossas observações de coisas sensíveis. Portanto, podemos elevar, refinar ou subtilizar o quanto quisermos as nossas especulações, exaltar a perspicácia e o alcance de nossa razão, alegar que conhecemos espíritos e compreendemos o infinito; no balanço geral, não poderemos deixar de constatar que todos os nossos raciocínios remetem à experiência e à sensação humana e dependem inteiramente delas, isto é, de uns poucos modos de pensamento que encontramos em nós mesmos e das ideias que adquirimos pelos sentidos. Não temos // outra garantia da verdade ou probabilidade do conhecimento. O entendimento recebe todas as provas definitivas e ideias originais inteiramente dessas fontes, e recorre a elas sempre que quer examinar racional e efetivamente a verdade de um relato, opinião ou problema. Parece-me que a partir desses fundamentos a existência de um deus pode ser mostrada com mais clareza e segurança do que a existência de qualquer coisa imediatamente observável por nossos sentidos. Coisas corriqueiras de nossa experiência cotidiana, se cuidadosa e ordenadamente observadas por nossas faculdades, nos levam à clara apreensão de um ser sumamente grandioso e sábio. Retornarei a esse ponto quando for tratar das coisas mesmas, e não apenas dos procedimentos e limites do entendimento a respeito delas.

§ 39

Considerarei agora se o assentimento a uma proposição provável é mais ou menos firme conforme a proposição seja mais ou menos provável. Não se trata de algo evidente a partir de questão de fato e da experiência comum, pois há sempre os que não creem em coisas que outros acreditam ser verdadeiras. As razões disso, embora possam ser muito variadas, se encontram compreendidas sob estes dois tópicos: 1) falta de provas, 2) falta de julgamento ou de habilidade para utilizar provas.

1) Carecemos de provas quando somos privados da conveniência de obtê-las, isto é, quando não temos conveniência ou oportunidade de realizar por conta própria experimentos ou observações producentes da prova de uma proposição ou de investigar e coletar o testemunho de outros. Nesse estado se encontra a maioria dos homens, que se dedicam ao trabalho e são escravizados pelas necessidades de sua vil condição, que desperdiçam a vida com o suprimento das provisões necessárias ao seu sustento. Os meios de que dispõem para obter conhecimento e realizar investigações são em geral tão escassos quanto as suas fortunas, e o seu entendimento mal tem instrução, pois dedicam todo o tempo e esforço para silenciar o ronco de seu estômago ou calar o choro de seus filhos. Não se deve esperar de um homem que medra sob uma ocupação laboriosa que ele tenha mais conhecimento da variedade de coisas do mundo do que teria da geografia de um terreno um burro de carga empregado no vai e vem entre a plantação e o mercado. Seria possível que alguém que não dispõe de tempo livre, que não lê livros, que não aprende línguas, que não convive com outros homens

esteja preparado para coletar os testemunhos e observações existentes, tão necessários para a maioria das proposições que mais interessam aos homens, em que eles estão mais prontos a acreditar e que lhes parecem as mais prováveis? Boa parte dos homens, pela constituição das // coisas, permanece, inevitavelmente, prisioneira de uma ignorância indestrutível e, por ter que suprir meios de subsistência, não tem condições de contribuir para o conhecimento. Há outros cuja enorme fortuna permitiria a obtenção de livros e instrumentos do conhecimento, mas que são de tal maneira constrangidos pelas leis de seu país e pela estrita vigilância dos que têm interesse em mantê-los na ignorância (pois receiam que, se soubessem mais, acreditariam menos no que lhes é dito) que, privados de liberdade e oportunidade de investigação, equiparam-se aos pobres desgraçados trabalhadores de que falamos. Tais homens, embora pareçam livres e grandes, estão confinados à estreiteza de pensamento, são privados da mais indispensável liberdade, a do uso do entendimento. Nessa situação se encontram os que vivem sob a inquisição, esse ofício da ignorância astutamente erigido para a propagação de uma verdade carente de conhecimento. O pobre católico é forçado a engolir opiniões à maneira dos tolos que acatam as prescrições do curandeiro: sem saber do que são feitos os medicamentos ou como eles atuam, resignam-se a crer que trarão uma cura. Mas talvez se tornem ainda mais ignorantes do que estes, com a instauração de um hábito que afeta a constituição de sua mente. Se acrescentarmos a isso que a destreza em línguas é necessária para examinar doutrinas, não as de especulações vazias, mas as que realmente importam, não admira que se encontre no mundo tanta ignorância.

§ 40

Outros carecem de provas não porque estas não estejam ao seu alcance, mas simplesmente porque não as desejam. Embora tenham riquezas e tempo livre suficiente e não careçam de talento ou erudição, receiam, por preguiça ou por medo, que doutrinas a que teriam eventualmente que assentir não combinem com suas opiniões, modos de vida ou projetos, e por isso ignoram e não assentem a probabilidades que se encontram ao seu alcance, e das quais, para se convencerem, bastaria uma passada de olhos. Há homens que se recusam a abrir uma carta // por recearem que ela traga más notícias, enquanto outros preferem não estar a par de suas finanças, e não saber do estado de suas propriedades, por recearem a má administração de suas finanças.

§ 41

2) Os que não têm habilidade para utilizar evidências de probabilidades que se encontram à sua disposição, que não conseguem memorizar um engate de consequências nem pesar com exatidão a preponderância de provas e testemunhos contrários entre si, e dar a cada circunstância a devida importância, podem facilmente ser levados a assentir em doutrinas improváveis; e, por nem sempre se inclinarem para o lado em que estão as provas mais fortes, nem sempre acatam a opinião mais provável. Que haja tal diferença de entendimento entre os homens, parece-me que nem mesmo quem só conversa com os próprios vizinhos e nunca esteve em Westminster ou na Bolsa, tampouco em asilos ou no hospício de Bethlem, poderia questioná-lo; não importa se essa diferença de capacidade

intelectual se dá por um defeito nos órgãos do corpo dedicados ao pensamento em particular, se pela intratabilidade e embotamento das faculdades, se pela falta de uso, se, como quer a extravagante hipótese de alguns, por diferenças inatas na alma dos homens, ou se, por fim, pela combinação de um ou mais desses fatores. Em todo caso, é evidente que há uma diferença de grau entre os homens, no que se refere ao entendimento, à apreensão e ao raciocínio, e com uma latitude tão grande que se poderia afirmar, sem ofendê-los, que, quanto a isso, existe entre certos homens uma distância maior do que a que os separa dos animais. Como isso é possível, é uma especulação interessante, mas não concerne o nosso presente propósito. É suficiente que tenhamos mostrado que doutrinas prováveis nem sempre são recebidas com assentimento proporcional às razões que as respaldam e que poderiam ser extraídas de sua probabilidade. Isso vale somente para probabilidades cujas provas, embora existam, não são aparentes.

§ 42

Resta ainda um problema a resolver, qual seja, se o assentimento de cada um se segue necessariamente a provas presentes de grande relevância ou, dito de outra maneira, se um homem necessariamente assente ou crê no lado que oferece as provas mais plausíveis. O que os homens fazem, com frequência, quando, tudo somado, a afirmação (ou a negação) se revela pelos argumentos mais provável, é ou *epokein*, suspender o assentimento, ou concedê-lo à opinião menos provável. É preciso assim considerar: 1) as razões que os levam a fazê-lo, 2) como eles o fazem.

John Locke

1) As razões para tal me parecem ser as seguintes. Os homens se resignam completamente a princípios aceitos, porém falsos, ou ao menos que não foram provados. Isso equivale a aderir a uma hipótese estabelecida ou a satisfazer os próprios apetites. Nada é mais comum do que as crianças aceitarem proposições (especialmente em matéria de religião) ditadas por seus pais ou amas ou por outros que as cercam. Insinuando-se em seu incauto e ingênuo entendimento, são ali fomentadas até que o costume e a educação as tornam arraigadas e impossíveis de ser extirpadas, sejam elas verdadeiras ou não. Os homens, quando crescem e refletem sobre as próprias opiniões e examinam a origem delas, constatam que as desse gênero são tão antigas em sua mente quanto a memória e, por não terem observado a sua aquisição e o meio como chegaram a elas, não hesitam em reverenciá-las como sagradas, protegendo-as contra profanação ou questionamento; veem-nas como se tivessem sido gravadas imediatamente no entendimento por obra de deus, e tomam-nas como os grandes e infalíveis critérios de verdade e falsidade, como os juízes aos quais invariavelmente apelam em matéria de controvérsia. Diante de uma opinião como essa, tão arraigada em seu espírito, a respeito de seus próprios princípios (sejam eles quais forem), não é difícil imaginar qual seria a recepção de uma proposição que contestasse esses oráculos internos ou anulasse a sua autoridade, ao mesmo tempo que os mais grosseiros absurdos e improbabilidades são docilmente acatados, se concordam com eles. A obstinação com que os homens firmemente creem em opiniões contrárias, embora muitas vezes igualmente absurdas, que estão presentes nas várias religiões dos homens são uma prova evidente, bem como uma consequência inevitável, do método

de raciocínio a partir de princípios consagrados. Os homens preferem desacreditar os próprios olhos, renunciar à evidência de seus próprios sentidos, desmentir a própria experiência a admitir algo que discorde desses oráculos sagrados. Que se tome, por exemplo, um adepto inteligente da igreja de Roma, que // desde a mais tenra infância teve inculcados princípios como *deves acreditar no que a igreja acredita* ou *o papa é infalível* e nunca ouviu essas opiniões serem questionadas, até os 40 ou 50 anos de idade, quando conheceu um herege: é certo que ele está predisposto a acatar, sem hesitação, tudo o que contrarie não somente a probabilidade, como também a clara evidência de seus sentidos, por exemplo, a doutrina da transubstanciação, que afirma que o pão que ele vê diante de si é carne. Como poderias convencer um homem de que uma de suas opiniões é improvável se ele foi ensinado pelos peripatéticos a adotar como fundamento de seu raciocínio que se deve crer antes na razão do que nos sentidos? Em vão oferecerás razões contra a doutrina de um quacre que acredita que seu mestre é iluminado. Quem se deixou embeber por princípios falsos como esses não se deixará persuadir por alegações inconsistentes com eles, nem mesmo pelas mais óbvias e convincentes probabilidades, a não ser que tenha abertura suficiente para examinar os princípios mesmos, coisa que muitos nunca se permitem. Em semelhante situação se encontram homens cujo entendimento foi formado no molde e confeccionado no tamanho exato de uma hipótese consagrada. A diferença entre estes e aqueles, se é que existe, é que admitem questões de fato e concordam com os que deles discordam, embora não quanto às razões e à explicação da maneira de operação. Não desafiam abertamente, como aqueles, os seus sentidos, aceitam ser chamados à lucidez, mas de modo algum abrem mão de suas próprias explicações sobre as coisas, e tampouco se deixam convencer por probabilidades que mostrem que as coisas não acontecem da mesma maneira que decretaram para si mesmos. Seria vergonhoso para um solene doutor escolástico ter a sua autoridade – gravada em lápide, consolidada ao longo de 30 anos pelo estudo do grego e do latim em noites frias à luz trêmula de velas, confirmada pela tradição – solapada num instante por um novato sem erudição e ser forçado a confessar que tudo o que ensinou a seus pupilos nesses anos todos estava errado e equivocado, que vendeu para eles, a um alto preço, palavras difíceis e pura ignorância. Que probabilidades, eu pergunto, seriam suficientes para prevalecer sobre alguém assim? Quem, em tal posição, deixar-se-ia convencer, pelos mais irrecusáveis argumentos, a abandonar a pretensão ao conhecimento e a uma erudição adquirida a duras penas, e a se mostrar nu, em busca por novas noções? Todos os argumentos são como o vendaval que assola o viajante, que se agarra ainda mais firme aos trajes que o protegem. Probabilidades que se chocam com os apetites dos homens têm o mesmo destino, mentes feitas de barro resistem como uma muralha à mais pesada artilharia: por mais que as investidas deixem marcas, tem força suficiente para impedir a entrada do inimigo – a verdade, que as abalaria e conquistaria. Embora não possam resistir à força das probabilidades que se voltam contra elas, não cedem ao argumento. É da natureza do entendimento fechar sempre com o lado mais provável, e, no entanto, a vontade tem o poder de suspender e restringir as investigações e de impedir o exame pleno e satisfatório de que a questão seria suscetível e poderia suportar. Quando isso não é feito, prevalecem dois modos de evasão das probabilidades mais óbvias: I) Alegar que, como os argumentos são formulados (como na maioria das vezes de fato são) em palavras, pode haver neles uma falácia intrínseca, e, como há muitas consequências encadeadas, algumas podem ser incoerentes. Poucos são os discursos tão breves, claros e consistentes que a maioria dos homens não possa levantar contra eles essa suspeita, e de cuja convicção eles não possam, sem o reproche de falta de inteligência e sensatez, se desembaraçar com a velha resposta, *non persuadebis etiamsi persuaseris*, "não persuadirás, mesmo que tenhas persuadido".[15]

2) Uma probabilidade manifesta pode ser evadida, e o assentimento a ela pode ser recusado, com base na alegação de que não se conhecem todos os argumentos que poderiam ser apresentados em prol do lado contrário. A vitória pode ter sido obtida pelo lado oposto, mas não se sabe quais recursos // ainda poderiam restar ao derrotado. Trata-se de um subterfúgio tão aberto e descarado contra a convicção que é difícil determinar até que ponto um homem pode ir quando recorre a ele. Mas há limites, e um homem que tenha cuidadosamente investigado todos os fundamentos do provável e do implausível, que tenha feito o possível para se informar imparcialmente a respeito de todos os particulares e tenha somado os prós e os contras de cada lado não pode senão saber, no balanço final, de que lado está a probabilidade. A esse respeito, há provas em matéria de razão (ou suposições a partir de uma experiência universal) tão convincentes e claras, e há testemunhos em questão de fato tão universais que é impossível lhes recusar assentimento.

---

15 Abrimos a seguir um parágrafo no texto de Locke, que no manuscrito original é contínuo. [N. T.]

O que me leva a concluir que em proposições em que a revisão das provas mais importantes não suprime razões para que se suspeite de falácia nas palavras ou em provas contrárias igualmente relevantes, o assentimento, a suspensão do juízo ou a discordância se tornam, no mais das vezes, ações voluntárias, dependentes da vontade. Mas, se as provas forem tais que tornam a questão altamente provável, e não houver razão para que se suspeite de falácia nas palavras (o que pode ser verificado por uma consideração serena e séria) ou de que haja provas igualmente válidas, mas implícitas, do outro lado (o que a natureza da coisa pode deixar claro: qual a probabilidade de que uma mistura de caracteres ou tipos alfabéticos se dispusesse metodicamente e em ordem numa folha de papel, estampando ali um discurso coerente? Ou de que o fortuito concurso de átomos sem a guia de um agente inteligente constituísse corpos de uma espécie animal qualquer?), ou, por fim, se não couber a suspeita, por ser a questão de natureza indiferente, de que seja parcial o testemunho favorável (ou desfavorável) sobre um fato (o que pode ser investigado: existiu ou não, há 1700 anos, um indivíduo chamado Júlio César?), então, eu afirmo, um homem racional não tem como recusar o assentimento, pois este se segue necessariamente da probabilidade. Em casos menos claros, parece-me que um homem poderia suspender inteiramente o juízo ou mesmo, por vezes, adotar qualquer um dos lados. E se a crença não fosse pelo menos às vezes um ato voluntário, não vejo como a infidelidade poderia ser um pecado. //

§ 43

As objeções que encontrei em relação ao que foi dito neste discurso se restringem ao seguinte:

Draft A do Ensaio sobre o entendimento humano

1) Nem todas as nossas noções e nem todo o nosso conhecimento derivam de ideias adquiridas por nossos sentidos junto a coisas externas ou por nosso sentido das operações de nossa própria mente. Possuímos certas ideias inatas ou princípios de cuja verdade temos certeza, por mais que os sentidos não os observem e não possamos, a partir deles, apreender a sua verdade, nem tampouco assentir a ela com base no seu testemunho. Por exemplo, sabemos que uma propriedade de todos os números é serem pares ou ímpares, mas de modo algum nossos sentidos poderiam nos assegurar de que essa propriedade pertence a todos os números, pois nem os nossos sentidos nem os nossos pensamentos travam contato com todos os números.

A isso eu respondo que nunca afirmei que a verdade de todas as proposições nos seria revelada por nossos sentidos, pois, se fosse assim, a razão não teria função, ela que, em minha opinião, ao seguir a trilha das ideias que recebeu do sentido ou da sensação, pode chegar ao conhecimento de muitas proposições que os nossos sentidos nunca poderiam descobrir. O que estabeleci foi outra coisa. Não temos em nossa mente absolutamente nenhuma ideia simples que não tenhamos experimentado como operações (e não objetos) de nosso próprio pensar ou que não tenhamos recebido de fora, através de nossos sentidos. Não temos ideias complexas que não sejam derivadas de ideias simples, a mente tem o poder de contrair, alargar, compor e abstrair, mas não de criar novas ideias. Logo, a proposição anteriormente mencionada, que afirma que *todos os números são pares ou ímpares*, de modo algum abala as fundações por mim estabelecidas. O exame haverá de mostrar que todas as ideias simples dessa proposição estão ao alcance tanto de nossos sentidos quanto de nossa sensação, e essas ideias se resumem a três: número, par, ímpar. Tentei mostrar como chegamos à noção de número; as noções de par e ímpar estão igualmente ao alcance de nossos sentidos; par é o número suscetível de ser dividido em duas partes iguais, ímpar é o número que, uma vez dividido tão igualmente quanto possível, produz uma unidade excedente de um dos lados da divisão. Essas ideias podem ser aprendidas por um pupilo que divida suas cerejas, pois é uma noção que pode ser derivada dos sentidos. Que me seja permitido reiterar algo que já mencionei: não chegamos ao conhecimento certo de nenhuma proposição universal além das que necessariamente se seguem de ideias muito simples que adquirimos por meio de um dos modos anteriormente mencionados, sentido ou sensação, os mesmos pelos quais chegamos ao conhecimento da verdade da proposição *todos os números são pares ou ímpares*. Nossas noções de unidade numérica são o mesmo que a noção de indivisível. Ao colocarmos juntas duas unidades, obtemos duas, que são dois indivisíveis e são partes iguais, graças às quais o todo se torna par. Mas, se a essas duas unidades acrescentarmos outra, obtendo três, as três unidades não são divisíveis em partes iguais, pois a terceira unidade, diferentemente das duas primeiras, não pode ser dividida em dois. Nossa ideia de unidade é indivisível e, por isso, se adicionada a uma das duas ideias separadas, introduz um excedente ou uma desigualdade na relação entre elas. Constatamos assim que o número três concorda com nossa noção de ímpar, que é de algo não passível de ser dividido em duas partes iguais. Ora, a nossa noção mesma de número, não importa de qual número, é a mera noção de adição de muitas unidades, que obedecem à mesma progressão utilizada na adição de um a um para fazer dois e de um a mais para fazer três. Por meio dessa adição ou subtração de uma unidade indivisível, o número atribuído é sempre suscetível de ser dividido em partes iguais ou desiguais, tornando-se par ou ímpar, posto que o excedente dos números ímpares só pode ser uma unidade indivisível, e esta, uma vez subtraída, torna o todo divisível em duas partes, assim como dois pode ser divisível em duas unidades indivisíveis. Parece-me evidente, portanto, que a verdade da proposição geral que afirma que *todos os números são pares ou ímpares* torna-se conhecida para nós não graças a uma noção inata com que nascemos, mas pela mera consideração da natureza das ideias de unidade e de número, que recebemos por intermédio da observação, que não podemos alterar e que só podem ser pensadas a partir do modo como os nossos sentidos ou a nossa sensação as produzem em nós. Conclui-se assim que a verdade da proposição que estamos examinando se segue da noção mesma ou ideia que temos de unidade e número e é claramente dedutível, a partir dela, por nossa faculdade de raciocinar, ao que se acrescenta a certeza de que coisas ou números existentes fora de nós devem necessariamente concordar com ideias em nossa mente. Como poderia alguém // ter certeza ou me certificar de que todos os números são pares ou ímpares? Se dissesse que a noção mesma de número que ambos temos irá evidenciá-lo, eu concordaria, estaríamos de acordo que noções de número extraídas de sentido ou de sensação (as noções de número que eu assim adquiro me servem tão bem quanto as que ele adquiriu de outro modo, seja lá qual for) são suficientes para mostrar a verdade dessa proposição e para confirmar que o conhecimento se funda em sentido ou sensação. Mas, se dissesse que poderia provar a verdade dessa proposição por meio de noções não derivadas de sentido ou sensação, eu gostaria que procedesse a isso.

§ 44

A segunda objeção vem dos que dizem ter uma ideia positiva de infinito, que não poderia ser obtida de nossos sentidos, o que provaria que temos ideias que não são derivadas dos sentidos.

Para responder a isso é necessário considerar aquilo a que própria e imediatamente se referem as noções de finito e infinito, e parece-me que ninguém discorda que elas cabem apenas à quantidade. Não importa se consideramos finitos ou infinitos o espaço, a duração, o poder etc., a consideração ocorre sempre sob a noção de extensão ou de graus e se inclui na noção de extensão ou de número. Finito e infinito têm a ver, na significação própria da palavra, com quantidade, contínua ou discreta, como se costumam chamar extensão e número. Isso é reconhecido e suposto mesmo pelo modo de argumentar dos homens que defendem a ideia positiva de infinito. Pois, se não me engano, é assim que eles provam essa ideia: finito é o que tem fim, fim é uma negação de ulterior produção ou extensão, infinito é a negação dessa negação, portanto a ideia de infinito é positiva. Observo apenas que eles mesmos julgam o infinito como algo que se refere a extensão, quer esteja abarcada sob essa rubrica duração, poder ou o que quer que se encontre *sub ratione quanti*, "sob a categoria de quantidade".

A próxima coisa a considerar é se o fim de uma coisa qualquer é positivo ou negativo, principalmente em relação ao corpo, de todas as coisas, a única propriamente extensa. Minha noção de fim (de um globo, com um pé de diâmetro ou com o tamanho do mundo) é *extremitas ipsius corporis*, "a extremidade do corpo mesmo", o que me parece ser a sua superfície, pois, se forem além da superfície não chegarão ao término do corpo, mas terão ido além. Quanto a saber se a superfície de um corpo é algo positivo ou mera negação, que os matemáticos julguem essa questão.

Parece-me que o equívoco desses homens se origina na acepção vulgar da palavra *fim* aplicada a duração, comumente tomada por cessação de existência, embora, estritamente falando, o fim de uma duração seja o derradeiro momento da existência e não algo após ela, e não é, portanto, negação de existência. Mas, caso insistam que fim, ou *finis*, é negação de existência, creio que não poderiam recusar que o *início é a primeira ocorrência* de um ser ou de sua existência, e ninguém conceberia isso como mera negação, mas como algo positivo, de modo que, de acordo com o próprio argumento, a remoção desse positivo é mera negação, e a ideia de eterno *a parte ante*, ou de algo desprovido de começo, é uma ideia negativa. Quanto a eterno *a parte post*, ninguém diria que se trata de *actu*, apenas de *potentia infinitum*, pois quando aplicamos a ideia de infinito a nossas almas não imaginamos que sejam de fato infinitas, apenas que não deixarão de existir, isto é, que terão sempre existência contínua ou duração adicional, nunca uma infinitude, e tal infinitude não é outra que a dos números, que não é nunca real, mas sempre suscetível de adição. Quanto a poder e conhecimento infinitos, talvez eu retorne a esse ponto mais à frente, para mostrar que por esse termo não entendemos mais que um poder ou conhecimento que não pode // ser limitado ou restringido por algo que existe ou pode existir. Não se trata, assim, de uma noção de infinito positivo atual, mas potencial, como em números, cujo limite, mesmo em pensamento, não é alcançável, é um infinito *ad cujus finem pervenire nin possumus*, "a cujo término não podemos chegar".

§ 45

Para mostrar mais detalhadamente que ter uma clara ideia positiva de infinito não é tão fácil quanto se imagina, e que temos razão para suspeitar que ideias de infinito não são claras e distintas, basta considerar que não somos capazes de conciliar, sem incorrer em contradição, essas supostas ideias positivas com outras, muito claras em nosso entendimento. Para os que alegam ter ideias claras e positivas de infinito de extensão infinita espacial ou de duração infinita, afirmo que, se elas são de extensão espacial, cabem apenas a corpos, e não a deus, que é um espírito e, portanto, não é suscetível de extensão espacial ou corpórea. Mas a ideia de um corpo infinito contém em si tantas contradições que ainda não encontrei quem pretenda ter uma ideia ou noção de algo assim. Se eternidade ou duração infinita é a ideia de infinito que presumem ter, pergunto se a noção ou ideia de duração inclui ou não sucessão; em caso negativo, devem mostrar a diferença entre a sua noção de duração aplicada ao *ens aeternum* e ao *ens finitum*, o que me parece inconcebível. Não posso senão confessar a debilidade de meu próprio entendimento a esse respeito, e reconheço abertamente que as minhas noções de duração me obrigam a conceber que um *ens aetrenum quodcunque durum sit diutius duraverit hodie quam eri*, "ser eterno, por mais que tenha durado, terá durado hoje mais do que durara até ontem". Se a ideia que têm da duração de seres eternos não inclui sucessão, suponho que incluiria o inconcebível *punctum stans*, "ponto fixo" das escolas, que, no entanto, por não ser *quantum finite* ou *quantum infinite*, não poderia pertencer a ela. Mas, se a noção de que falam é de *infinita sucessio durationis*, "duração de sucessão infinita", ela é apenas de número infinito, pois duração não é, nesse sentido, senão sucessão imediata dos momentos em que uma coisa qualquer existe. Se alguém tem ou poderia ter uma ideia positiva de números atualmente infinitos, é o que deixo à consideração de meus adversários. Que cheguem eles a um número infinito tão grande que não admita acréscimo; enquanto puderem aumentá-lo, duvido que se possa pensar que a ideia que dele têm seja algo mais que escassa para a noção de infinito positivo. Reconheço que tenho a noção de um ser primeiro ou de um ser sem começo e penso ser inevitável para uma criatura racional dotada de ponderação deparar com algo assim, desde que acompanhe seus próprios pensamentos. Uma ideia de infinito como essa estou certo de possuir, mas, como não é senão a negação de uma coisa positiva (como é sempre o caso com a noção de começo), não pode ser uma ideia positiva de infinito; e confesso que dessa ideia, por mais que tente estender meu pensamento, não consigo obter noção alguma. Mas, se após o que eu disse, ainda restarem homens de entendimento alargado que encontrem em si mesmos ideias claras positivas de infinito, não me cabe questionar o que eles próprios experimentam, apenas admirar essas almas de feitio diferente da minha. Tenho certeza que compartilham da minha opinião muitos outros homens sensatos, que, após rigorosa investigação e exame, tiveram que confessar sua visão falha em relação a esse ponto, pois não puderam encontrar qualquer ideia positiva de infinito, por mais que tenha recebido mostras, em outras questões, de grande capacidade e amplo entendimento. Mas se, afinal, alguns estão persuadidos de ter ideias positivas de infinito, elas só podem estar relacionadas

95 a quantidade, e assim, quando muito, são apenas um *modus* // de número ou extensão, e essas ideias de número e extensão são adquiridas a partir das bases aqui propostas, sentido ou sensação. Deixo a esses homens que considerem se a noção que têm de infinito, por positiva que julguem sê-la, seria algo mais que ideias de número e extensão, alargadas ou consideradas sem limites, poderes que eu nunca recusei à mente, que a bel--prazer acrescenta ou subtrai a suas ideias, realizando as mais variadas composições. Em suma, parece-me que essa noção de infinito não é uma exceção ao modo pelo qual nosso estreito entendimento pode chegar ao conhecimento. A estreiteza de nossos pensamentos não é razão para que se duvide da existência do grandioso deus ou de uma causa primeira eterna, cujo incompreensível modo de existência escapa à concepção de nosso débil entendimento. Isso seria negar a existência de tudo o que for grande demais para o nosso porte e esperar, não sem alguma extravagância, que todas as coisas sejam proporcionais ao nosso talhe. Esse modo de raciocinar levar-nos-ia a duvidar, no ato mesmo de pensar, de nossos próprios pensamentos: negaríamos que temos um entendimento, só porque não conseguimos conceber o modo como ele opera em nós; de modo que podemos conceder que essa faculdade ignore muitas coisas de deus e seja estreita demais para uma concepção adequada de um ser infinito, já que ela não conhece inteiramente a si mesma nem é ampla o suficiente para compreender seu próprio ser.

Memorandum

Todo o nosso conhecimento de coisas existentes é unicamente de particulares, e, se conhecemos a verdade de uma proposição universal qualquer, esta apenas supõe a existência, suposição da qual se segue a verdade universal. Pois embora conheçamos como universalmente verdadeiro que os três ângulos de um triângulo são iguais a dois ângulos retos, isso supõe, no entanto, a existência de um triângulo que só pode ser conhecida pelos sentidos, os quais só travam contato com coisas particulares.

Quando me refiro a ideias simples como existem nas coisas, gostaria que por essa referência se entendesse que a constituição da coisa produz a ideia em nossa mente. Assim, quando dizemos que uma ideia se encontra em nosso entendimento, o que se encontra ali é percepção ou pensamento; quando dizemos que ela existe fora de nós, referimo-nos à causa da percepção a que ela, supostamente, se assemelha. Chamo de qualidade qualquer coisa que existe fora de nós e que, afetando algum dos nossos sentidos, produz em nós uma ideia simples qualquer. Os poderes e as capacidades das coisas dizem respeito às ideias simples, considera-se que façam parte da natureza da coisa e respondam por uma parte da ideia complexa que temos delas; por essa razão, chamo essas ideias de qualidades e distingo qualidades em atuais e potenciais. Por exemplo, as qualidades atuais do sal são as que de algum modo afetam nossos sentidos, quando devidamente aplicados a elas, causando em nós ideias simples como sabor, cor, odor e qualidades tangíveis. As qualidades potenciais do sal são alterações que as suas qualidades atuais podem vir a sofrer a partir de outra coisa qualquer, ou toda alteração que o sal possa realizar em outras coisas, como, por exemplo, solução aquosa, fusão no fogo intenso, corrosão do ferro etc.

Observação final

1. Por meio do sentido e da reflexão adquirimos ideias simples.
2. Por meio de nossos sentidos observamos que muitas dessas ideias simples se encontram com frequência em coisas conjuntamente reunidas. Assim as coletamos e adquirimos com isso o segredo da criação de ideias complexas.
3. A essas ideias complexas damos nomes tais como pensamos que os outros homens dão a semelhantes ideias.

Para ler o Draft A
(Primeiro esboço do Ensaio sobre o entendimento humano*) de John Locke*

O *Draft A* constitui o mais antigo esboço do *Ensaio sobre o entendimento humano* de John Locke.[1] Diferindo fortemente deste tanto na sua estrutura quanto no seu espírito, este pequeno livro apresenta por isso mesmo um duplo interesse: de um lado, lança luz sobre diversas dificuldades de interpretação da obra madura, permitindo vê-la como o resultado do enfrentamento de problemas que são colocados ali pela primeira vez; de outro, constitui uma obra que merece ser lida por si mesma, com teses que lhe são próprias e uma perspectiva que não se confunde com a do *Ensaio*. Esta pequena nota pretende apenas apontar

---

1 São conhecidos três esboços do *Ensaio sobre o entendimento humano*, que se convencionou chamar de *Drafts A, B* e *C*. Os dois primeiros datam ambos de 1671, enquanto o último é de 1685, ou seja, quatro anos antes de o *Ensaio* ser publicado. Há também uma versão ligeiramente diferente do *Draft A* (conhecido como *Draft A1*): trata-se da transcrição, por uma mão que não a de Locke, de um estágio quase final da escrita do *Draft A* (Cf. Locke, J. *Drafts for the "Essay Concerning Human Understanding" and Other Philosophical Writings*, vol. I, *Drafts A and B*, Nidditch, P. H. e Rogers G. A. J. (Eds.), Oxford: Clarendon Press, 1990).

para o leitor, em linhas gerais, as diferenças que opõem o primeiro esboço à obra completada (o que, segundo cremos, ajudará a evidenciar os dois interesses anteriormente evocados), aproveitando para assinalar algumas peculiaridades de sua construção (o que ajudará a leitura do texto). Começaremos com uma apresentação geral da obra, apontando as diferenças mais evidentes com relação à estrutura do *Ensaio*, para, em seguida, comentar um pouco mais detidamente cada uma dessas diferenças. Não será possível fazer economia da referência às alterações introduzidas pelo próprio Locke ao longo da redação desse curto texto; as indicações dessas alterações foram preservadas, no essencial,[2] pela cuidadosa tradução de Pedro Paulo Pimenta, e ajudarão o leitor a perceber os problemas que se punham para Locke quando este se propôs a deitar por escrito, pela primeira vez, seus "pensamentos apressados e mal digeridos"[3] sobre o entendimento humano.

Este primeiro esboço do *Ensaio* parece ter sido pensado, inicialmente, como uma introdução epistemológica a uma obra "sobre as coisas mesmas",[4] mas essa segunda parte certamen-

---

2 O original é um texto bastante "trabalhado": há inúmeras correções, inserções, indicações de alteração da ordem do texto etc. Não faria sentido (e nem seria possível) reproduzir, na tradução, todos esses detalhes; a presente edição manteve apenas a indicação das grandes interpolações, visível na descontinuidade da paginação original, algumas das quais são importantíssimas para a compreensão do texto.

3 Cf. Locke, *An Essay Concerning Human Understanding*, P. H. Nidditch (Ed.), Oxford: Clarendon, 1975, p.7.

4 Veja-se, por exemplo, a última frase do § 37 e também a do § 38, onde Locke anuncia que irá tratar dos milagres e da existência de Deus. O leitor também perceberá que esse texto tinha um alvo que

te não foi redigida, e o manuscrito indica, no seu cabeçalho, apenas o exame "do intelecto". O texto estrutura-se fundamentalmente em torno dos conceitos de *termo* e *proposição*. Com efeito, podemos dividi-lo em cinco partes: a primeira consiste no exame dos termos simples (§§ 1 a 8); a segunda, no exame das proposições que podemos (legitimamente) formar com tais termos (§§ 9 a 26); a terceira (§§ 27 a 32) consiste na sistematização dos resultados obtidos na segunda parte, uma sinopse do nosso conhecimento; a quarta se dedica ao exame do assentimento ao que não é certo, mas meramente provável (§§ 33 a 42); enfim, uma quinta e última parte consiste em respostas a possíveis objeções (§§ 43 a 45).

As diferenças mais marcantes, com relação à estrutura do *Ensaio*, são três, a saber: em primeiro lugar, ao invés do par *ideia-conhecimento*, temos o par *termo-proposição*. A diferença é notável, muito embora haja uma óbvia relação entre os dois pares. De fato, se "traduzirmos" o vocabulário de "termos e proposições" no vocabulário de "ideias e conhecimento", veremos imediatamente a correspondência entre as "partes" anteriormente mencionadas do *Draft A* e os livros do *Ensaio*. À primeira parte (exame dos termos simples) corresponde obviamente o livro II (das ideias); ao bloco formado pelas partes dois, três e quatro (exame das proposições de que podemos estar certos e exame da probabilidade) corresponde o livro IV (do conhecimento); e, finalmente, à quinta parte (respostas às possíveis objeções)

---

vai além do exame do "intelecto" ao percorrer as seções 33 a 42: ali fica claro que o exame das proposições meramente prováveis visa especialmente determinar se o assentimento a elas é livre ou não. Por outro lado, o *Draft B*, não muito posterior, já toma esse exame do intelecto como uma tarefa autônoma.

corresponde o livro I (sobre o inatismo).[5] No entanto, e essa é a segunda grande diferença, falta no *Draft A* um elemento estrutural que corresponda ao livro III, *Das palavras* (embora, por outro lado, encontremos assinalada, já na primeira página, a necessidade de um exame que não é outro que aquele desenvolvido no livro III). Uma terceira grande diferença consiste no fato de que o que corresponde, no *Draft A*, ao livro I do *Ensaio* encontra-se na parte final: uma vez terminada a parte propriamente expositiva, Locke se volta para a atividade polêmica, isto é, enfrenta a posição contrária, "inatista". Quando passamos para o *Draft B*, essas diferenças desaparecem: se o texto ainda está longe daquele do *Ensaio*, a remissão ao par termo/proposição já é substituída pela remissão ao par ideia/conhecimento, o tema das palavras já merece um desenvolvimento autônomo (uma "longa e inevitável digressão"), e o texto se abre – como o *Ensaio* – com o combate ao inatismo.

As duas primeiras diferenças estruturais estão intimamente relacionadas com o que podemos chamar de duas grandes hesitações do texto do *Draft A*. Em primeiro lugar, uma hesitação quanto à linha de demarcação entre *termos* e *proposições*. Nas seções iniciais, Locke chega a caracterizar certos termos

---

[5] Essa correspondência "estrutural" não reflete necessariamente a correspondência do "conteúdo". De fato, o leitor do *Ensaio* encontrará, nesse esboço, trechos inteiros de textos que foram conservados com pequenas alterações na obra final, mas nem sempre seguindo a correspondência estrutural que indiquei. Por exemplo, vários trechos que pertencem às seções dedicadas ao "exame das proposições" são retomados no livro II, sobre as ideias, e não no livro IV, sobre o conhecimento. Pode-se também fazer corresponder ao livro II (das ideias) as duas primeiras partes, o que preservaria melhor a correspondência entre os materiais textuais.

(ideias complexas) como consistindo em proposições; na seção 8 tal caracterização é explicitamente abandonada, e Locke opõe de forma definitiva termos a proposições. Mas nas seções anteriores a linha de demarcação parecera se mostrar menos nítida, flutuando entre o plano das ideias e o plano da linguagem. Essa primeira hesitação está diretamente vinculada à constatação de que, tratando do conhecimento humano, não podemos nos furtar ao exame das palavras e distinguir o entendimento das palavras do conhecimento das coisas. Ela está, em consequência, na origem do livro III.

A segunda grande hesitação tem, na verdade, dois elementos: trata-se, em primeiro lugar, de uma hesitação quanto à natureza e estatuto do conhecimento matemático (se é empírico ou racional, numa caricatura) e, em segundo lugar, de duas reformulações sucessivas do painel sinóptico de nosso conhecimento. O que unifica esses dois elementos é que parece razoável supor que a hesitação com relação ao estatuto da matemática é pelo menos um dos ingredientes (ao lado, talvez, da questão do estatuto do esboço de "prova da existência de Deus") que levam às reformulações da sinopse do conhecimento; estas, por sua vez, parecem levar em direção à troca do par termo/proposição pelo par ideia/conhecimento.

***

O primeiro interesse desse *Draft A* reside no fato de que ele não se ajusta muito à ideia do *Ensaio* como um projeto de "psicologia descritiva", como se costuma ler a referência ao *plain, historical method*. Vamos resumir o seu diagnóstico, deixando de lado as "hesitações" que o marcam. Cumpre distinguir termos de proposições, isto é, cabe localizar quais são os *termos simples* para poder reconhecer claramente aquilo que é afirmado de um determinado termo: assim, é por supor erroneamente que nossos nomes de substâncias são *termos simples* que pensamos ter um conhecimento universal e certo acerca delas. Quando reconhecemos que essas ideias são efetivamente complexas, descobrimos, ao mesmo tempo, os limites de nosso conhecimento: o que podemos saber com certeza é que tais e tais ideias simples existiram unidas em determinado momento, mas não que elas devam necessariamente existir *sempre* juntas. Para além disso, o nosso conhecimento é meramente "verbal" – e, aí sim, ele pode atingir a universalidade certa: só posso predicar universalmente a maleabilidade do ouro se incluo essa ideia simples na definição da palavra ouro.

O leitor do *Ensaio* certamente reconhece os traços familiares da crítica às ideias de substâncias e da oposição entre proposições instrutivas e as *"triffling propositions"* ("proposições frívolas"). O que nos interessa notar, aqui, é que esse diagnóstico, relativamente simples, é exposto na linguagem de um "manual de lógica": o grande erro consiste em tomar como um "termo simples" o que, na verdade, é um "termo complexo" e, mesmo com tudo quanto esta tese tem de hesitante e complicada, o grande erro consiste em tomar por um termo (simples) o que na verdade é uma "espécie de afirmação" (universal, note-se). É claro que essa "lógica" (entre aspas) é indissociavelmente uma "epistemologia" que repousa sobre a natureza desses termos simples, que são *ideias*. Mas cumpre notar que não encontramos aqui o apelo obsessivo do *Ensaio* para que o leitor "examine seus próprios pensamentos" – a não ser na quinta parte, no momento da resposta às possíveis objeções. Ora, é justamente esse vocabulário (que lembra a "psicologia introspectiva e descritiva" e que apenas desponta no final do *Draft A*) que é introduzido com toda força desde o início do *Draft B*, que inverte a estratégia e começa com a discussão contra o inatismo.

***

Passemos, portanto, à segunda alteração estrutural, aquela relativa ao livro III do *Ensaio*. Como já dissemos, o *Draft A* estrutura-se em torno do par *termo-proposição*, empreendendo primeiro um exame dos termos para depois debruçar-se sobre as proposições compostas por estes termos, mas a linha demarcatória que separa termos de proposições parece flutuar nas primeiras seções. Locke parece, de início, indeciso quanto a onde localizá-la e, nas seções 1 a 10, são ensaiadas diferentes determinações da "primeira afirmação" de nossas mentes. Já na primeira seção, logo após apresentar as ideias complexas de substâncias e discutir sua imperfeição, Locke nos diz que "as primeiras negações ou afirmações de nossa mente são sobre objetos materiais ao moldarmos ideias deles, o que não é senão que, onde se encontram algumas dessas ideias simples, ali também se encontram as outras" (§ 1). Assim, num primeiro momento, Locke faz a linha que separa termos de proposições passar no interior do campo das ideias: a formação das ideias complexas de substâncias já é uma afirmação. Na segunda seção, quando Locke retoma a passagem das ideias simples às complexas, após ter incluído uma menção mais demorada às ideias da reflexão, reaparece essa noção de que podemos encontrar uma "afirmação" na formação de nossas ideias complexas de substâncias, só que, dessa vez, a afirmação é remetida ao *nome* da substância: "esse nome, com efeito, é uma afirmação, e assim são todos os nomes de substâncias", e acrescenta uma observação que indica que isto não deve ser tratado no exame dos termos, mas sim, como se depreende, no exame das proposições: "Mas, tratando-se aqui de uma proposição, discutirei isso mais à frente, quando considerar o gênero de nossos conhecimentos a respeito de proposições" (§ 2). Enfim, na seção 8, Locke acaba abandonando explicitamente essa localização das ideias complexas entre as proposições, e a seção 10 começa dizendo que "A primeira e mais natural predicação ou afirmação é de existência, não da ideia, mas de algo fora de minha mente correspondente a uma ideia" (§ 10).

Essa hesitação voltará à tona no *Draft B*, novamente pondo em jogo a ideia de linguagem, mas, dessa vez, ela dará origem a uma "longa digressão" sobre as palavras, na qual o leitor do *Ensaio* já pode reconhecer claramente os traços do livro III. Sem examiná-la mais de perto, guardemos apenas o fato de que isso dá a devida medida da afirmação de Locke no *Ensaio*, de que veio a descobrir tarde a importância da consideração das palavras para o seu projeto. De fato, o primeiro esboço já incluía uma consideração dos nomes de substâncias (que nos induzem a pensar equivocadamente que significam termos simples, gerando controvérsias meramente verbais); mas o que surpreende Locke – e dará origem ao livro III – é que o tema não possa ser liquidado em um ou dois parágrafos: há mais, nessa ilusão, do que a mera discrepância entre a unidade do nome e a multiplicidade das ideias que ele recobre. E essa dificuldade é enfrentada no mesmo ano, quando da redação do *Draft B*.

***

Passemos, então, à terceira modificação "estrutural": a substituição do par termo/proposição pelo par ideia/conhecimento. Podemos surpreender o início dessa modificação já no próprio *Draft A*, e ela se articula em torno do estatuto das proposições matemáticas. A caracterização desse estatuto oscila fortemente no *Draft A*. A primeira posição (encontrada no § 11) é fortemente empirista no que diz respeito à geometria. A verdade de que a soma dos ângulos internos de um triângulo é igual a dois retos é obtida a partir da experiência, e bastaria um contraexemplo para que ela ruísse por terra. Por outro lado, é possível pensar que a aritmética – e talvez os axiomas mais gerais da geometria – pode ser reduzida à identidade e à diferença entre ideias – uma versão algo rudimentar da tese logicista, no fundo (cf. §§ 11 e 12). A segunda posição (encontrada no § 30) irá procurar absorver inteiramente a geometria, junto com a aritmética, nas proposições de identidade e diferença. Nessa segunda versão, portanto, a universalidade e a certeza da matemática como um todo estão garantidas (ela não está mais exposta a contraexemplos em parte alguma), mas ela é concebida como uma verdade meramente verbal, não instrutiva. A terceira posição (encontrada no § 27) irá abrir espaço para um novo tipo de proposição, ao lado de i) proposições instrutivas que são limitadas ao que a percepção nos oferece e, portanto, são sempre particulares quando são certas, ii) proposições "idênticas", iii) proposições "negativas", e temos agora um quarto tipo: *"Conhecemos com certeza a verdade de qualquer proposição que dependa da natureza mesma das ideias que temos"* (§ 27). Ou seja, o que vemos aqui é o surgimento daquilo que se costuma chamar de "juízos sintéticos *a priori* de Locke".

John Locke

O leitor terá notado que a "terceira posição" comparece numa seção (a 27) que é *anterior* à da "segunda posição" (a 30); mas, ao inspecionar a paginação do original, o leitor também notará que o trecho da seção 27 correspondente à "terceira posição" foi escrito após a seção 30: é o que indicam tanto o "memorandum" do final da seção quanto a ordem das páginas do original. Todo esse final da seção 27 é composto pelas páginas 81 a 84, interpoladas no meio da página 73. Caso não se atente para essa interpolação, o texto parecerá muito mais sinuoso do que realmente é.

Deixando de lado o abandono da versão fortemente empirista da geometria (na verdade, parte da geometria) inicial, o que vale notar é que esse movimento carrega consigo um deslocamento do modo pelo qual são concebidas as próprias proposições idênticas e negativas: se, de início, elas são caracterizadas como mera manipulação de nomes, elas irão passar a encontrar sua fundação na clareza e distinção das ideias. Isso, no entanto, não amplia o campo do nosso conhecimento instrutivo: o que ocorreu foi apenas que o fundamento desse conhecimento "meramente verbal" passou da esfera da linguagem para a esfera da percepção das ideias; um último passo amplia esse quadro de modo a – quase – dar espaço para uma concepção da matemática como universal, certa e instrutiva: temos conhecimentos universais e certos daquela proposição que *"dependa da natureza mesma das ideias que temos"* (§ 27). Aqui temos um conhecimento universal e certo que não pode mais apoiar-se de modo algum num mero jogo de palavras: é fundamental a *natureza* de nossas ideias. Curiosamente, essa novidade (essa "ampliação") é apagada pelo comentário que a continua: "mas isso difere pouco das duas anteriores [proposições idênticas e negativas] e não prova existência". Ainda estamos longe do *Ensaio*, portanto; mas esta hesitação – assim como os outros traços que apontamos – constitui um contraponto interessante à obra madura.

Bento Prado Neto
UFSCar

SÉRIE CLÁSSICOS

Cartas escritas da montanha
Jean-Jacques Rousseau

Lógica para principiantes
Pedro Abelardo

Escritos pré-críticos
Immanuel Kant

História natural da religião
David Hume

O mundo como vontade e como representação
Arthur Schopenhauer

Investigações sobre o entendimento humano
David Hume

Metafísica do Belo
Arthur Schopenhauer

Verbetes políticos da Enciclopédia
Denis Diderot e Jean Le Rond D'Alembert

O progresso do conhecimento
Francis Bacon

Cinco memórias sobre a instrução pública
Condorcet

Tratado da natureza humana
David Hume

Ciência e fé
Galileu Galilei

Os elementos
Euclides

Obras filosóficas
George Berkeley

Começo conjectural da história humana
Immanuel Kant

Hinos homéricos
Júlio César Rocha, André Henrique Rosa
e Wilson A. Ribeiro Jr. (Orgs.)

A evolução criadora
Henri Bergson

A construção do mundo histórico nas ciências humanas
Wilhelm Dilthey

O desespero humano
Søren Kierkegaard

Poesia completa de
Yu Xuanji

A escola da infância
Comenius

Cartas de
Claudio Monteverdi

Os Analectos
Confúcio

Tratado da esfera
Johannes de Sacrobosco

Rubáiyát
Omar Khayyám

A arte de roubar
D. Dimas Camándula

Contra os retóricos
Sexto Empírico

SOBRE O LIVRO

Formato: 14 x 21 cm
Mancha: 23 x 44 paicas
Tipologia: Venetian 301 12,5/16
Papel: Pólen Soft 80 g/m² (miolo)
Cartão Supremo 250 g/m² (capa)
1ª *edição*: 2013

EQUIPE DE REALIZAÇÃO

Edição de Texto
Giuliana Gramani (Preparação de original)
Tomoe Moroizumi (Revisão)

Capa
Vicente Pimenta

Editoração Eletrônica
Eduardo Seiji Seki (Diagramação)

Assistência Editorial
Jennifer Rangel de França

IMPRESSÃO E ACABAMENTO
Hawaií Gráfica e Editora